中国人文社科学术成果评价管理控制机制研究

杨红艳 著

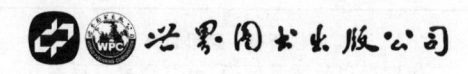

世界图书出版公司

上海·西安·北京·广州

图书在版编目(CIP)数据

中国人文社科学术成果评价管理控制机制研究/杨红艳著.—上海：上海世界图书出版公司,2019.1
ISBN 978-7-5192-5504-6

Ⅰ.①中… Ⅱ.①杨… Ⅲ.①社会科学-研究成果-评价-管理体制-研究-中国 Ⅳ.①C12

中国版本图书馆 CIP 数据核字(2018)第 295919 号

书　　名	中国人文社科学术成果评价管理控制机制研究
	Zhongguo Renwen Sheke Xueshu Chengguo Pingjia Guanli Kongzhi Jizhi Yanjiu
著　　者	杨红艳
责任编辑	吴柯茜
封面设计	车皓楠
出版发行	上海世界图书出版公司
地　　址	上海市广中路 88 号 9-10 楼
邮　　编	200083
网　　址	http://www.wpcsh.com
经　　销	新华书店
印　　刷	上海安枫印务有限公司
开　　本	787 mm×1092 mm　1/16
印　　张	14.5
字　　数	210 千字
版　　次	2019 年 1 月第 1 版　2019 年 1 月第 1 次印刷
书　　号	ISBN 978-7-5192-5504-6/C・2
定　　价	88.00 元

版权所有　翻印必究
如发现印装质量问题，请与印刷厂联系
(质检科电话：021-64520199)

前　　言

　　成果评价的诸多问题正在制约中国人文社会科学的健康发展，评价机制不完善是造成这些评价问题的重要原因，要对评价机制进行改革迫切需要全面的理论框架和有力的实证支撑。本书以"中国人文社科学术成果评价管理控制机制研究"为题，提出管控维度、评价要素和评价角色的三维研究框架，采用定量和定性相结合的方法，对中国人文社科学术成果评价存在的重要待管控问题和管控措施进行了集中梳理、调查和分析，构建出"以创新和质量为导向的中国人文社科学术成果评价管理控制机制"的基本架构和内容体系，同时还探讨了与之相关的若干论题，最终得出一系列重要结论与启示。

　　本书的学术价值主要体现在：所构建的"以创新和质量为导向的中国人文社科学术成果评价管理控制机制"在学术评价理论创新方面有所突破，有利于为人文社会科学的创新发展注入澎湃动力；从新的视角对评价管控机制架构和内容体系的梳理、对评价角色差异等重要论题的探讨，深化了评价管控机制的微观机理研究，进一步丰富和完善人文社科成果评价理论体系；通过问卷调查、Ridit 聚类等定量方法对评价管控机制开展实证研究，扩展人文社科学术评价研究的方法体系。

　　本书的应用价值、社会影响和效益主要体现在：对中国人文社科学术成果评价存在的重要问题及相应管控措施的系统梳理和实证研究，为评价管控机制的推行提供了有价值的理论基础和实证依据；提出"评价角色差异"的新论题并得出相关规律性认识,为学术界和管理部门更为科学合理地认识和改进评价管控机制提供了新的参考和指导;围绕评价管控机制提出的一系列学术评价管控的对策建议,对于指导人文社科成果评价和教育管理实践具有重要的应用价值。

需要说明的是本课题在调查的全面性、问卷设计的简洁性方面存在一定不足,研究所得出的个别结论也有待深入研究和实践检验。

本课题的前期研究得到了中国人民大学科学研究基金(中央高校基本科研业务费专项资金)"中国人文社科学术成果评价问题与对策——基于学者认知的研究"(项目编号 18XND014)的资助,在研究过程中得到中国人民大学书报资料中心、中国人民大学人文社会科学学术成果评价研究中心提供的研究资料和其他研究条件等帮助,特此鸣谢!付梓之时,向所有给予本课题研究帮助,接受调研、提供数据的专家致以衷心的感谢!同时真诚地希望读者对本书的内容进行批评和指正。

目　　录

1 研究概述 ·· 1
　1.1 研究背景与意义 ·· 1
　　1.1.1 研究背景 ·· 1
　　1.1.2 研究意义 ·· 2
　1.2 国内外研究现状 ·· 4
　　1.2.1 国内外相关研究概述 ·· 4
　　1.2.2 国内外研究现状小结 ······································· 11
　1.3 研究目的与内容 ··· 12
　1.4 研究框架与方法 ··· 13
　　1.4.1 研究框架 ··· 14
　　1.4.2 研究方法 ··· 15
　1.5 问卷样本分布情况说明 ·· 17
　　1.5.1 受访者职业类型分布 ······································· 18
　　1.5.2 受访者所属学科分布 ······································· 19
　　1.5.3 受访者职称分布 ··· 22
　　1.5.4 受访者学历分布 ··· 22
　　1.5.5 受访者所在单位类型分布 ································· 23
　　1.5.6 受访者的学术评价角色分布 ······························ 24
　1.6 创新之处与不足 ··· 25
　　1.6.1 创新之处 ··· 25

— 1 —

  1.6.2 存在的不足 ·· 26
2 人文社科成果评价管控导向、问题和措施的文献调查 ················ 28
 2.1 评价创新和质量导向的文献调查 ·· 28
  2.1.1 人文社科成果评价的创新导向 ·· 29
  2.1.2 人文社科成果评价的质量导向 ·· 31
 2.2 评价管控问题和管控措施的文献调查 ······································ 33
  2.2.1 评价理念与目标 ·· 34
  2.2.2 评价标准与指标 ·· 34
  2.2.3 评价程序 ·· 35
  2.2.4 评价主体 ·· 36
  2.2.5 评价对象 ·· 37
  2.2.6 评价方法与工具 ·· 38
  2.2.7 评价管理政策和学术环境 ·· 39
 2.3 本章小结 ··· 40
3 人文社科成果评价待管控重要问题分析 ······································ 41
 3.1 问题严重程度得分均值分析 ··· 41
  3.1.1 总体分析 ·· 42
  3.1.2 评价要素分析 ··· 45
  3.1.3 评价角色分析 ··· 47
 3.2 问题严重程度的聚类分析(Ridit) ·· 50
  3.2.1 总体聚类分析 ··· 51
  3.2.2 评价角色聚类分析 ·· 53
 3.3 问题的主成分分析(代表性问题分析) ······································ 58
 3.4 最严重问题得票数分析 ·· 66
  3.4.1 总体分析 ·· 67
  3.4.2 评价要素分析 ··· 69
  3.4.3 评价角色分析 ··· 70
 3.5 本章小结 ··· 73

目 录

4 人文社科成果评价关键管控措施分析 ... 76
4.1 措施必要程度得分均值分析 ... 76
4.1.1 总体分析 ... 76
4.1.2 评价要素分析 ... 80
4.1.3 评价角色分析 ... 82
4.2 措施必要程度的聚类分析(Ridit) ... 86
4.3 措施的主成分分析(代表性措施分析) ... 88
4.4 最有必要措施得票数分析 ... 97
4.4.1 总体分析 ... 97
4.4.2 评价要素分析 ... 101
4.4.3 评价角色分析 ... 103
4.5 本章小结 ... 106

5 不同评价角色对评价管控问题和措施的认识差异分析 ... 110
5.1 不同评价角色对评价存在重要问题的认识差异 ... 112
5.1.1 均值差异检验方案说明 ... 113
5.1.2 方案一：按角色重叠检验问题的均值差异显著性 ... 114
5.1.3 方案二：按角色拆分检验问题的均值差异显著性 ... 125
5.2 不同评价角色对评价管控措施的认识差异 ... 137
5.2.1 方案一：按角色重叠检验措施的均值差异显著性 ... 137
5.2.2 方案二：按角色拆分检验措施的均值差异显著性 ... 147
5.3 不同评价角色对存在问题与管控措施认识的相关分析 ... 156
5.4 不同评价角色与受访者背景的交互分析 ... 159
5.4.1 受访者学科类型与评价角色的交互分析 ... 160
5.4.2 受访者职称与评价角色的交互分析 ... 162
5.5 本章小结 ... 173

6 评价管控机制的基本架构和内容体系构建 ... 177
6.1 管控导向 ... 179
6.2 管控维度 ... 179

    6.2.1 评价信度管控 …………………………………… 179
    6.2.2 评价效度管控 …………………………………… 180
    6.2.3 评价调和度管控 ………………………………… 181
  6.3 管控措施 ……………………………………………… 182
  6.4 管控问题 ……………………………………………… 184
  6.5 实施策略 ……………………………………………… 186
    6.5.1 循序渐进策略：按轻重缓急依次开展管理控制 …… 186
    6.5.2 综合平衡策略：协调不同评价角色的认知差异 …… 186
    6.5.3 持续完善策略：总结实施经验并反复改进机制 …… 187
    6.5.4 政策优先策略：对评价管理政策进行优先改革 …… 187
    6.5.5 整体推进策略：按要素有机联系推行管控机制 …… 188
7 基本研究结论与启示 ……………………………………… 189
  7.1 简牍模型：评价管控机制的基本架构和内容体系 ……… 189
  7.2 关于评价管控机制的重要研究发现与论断 …………… 190
参考文献 ………………………………………………………… 193
附录1 人文社科学术评价存在重要问题和管控措施梳理表 …… 198
附录2 关于"人文社科学术成果评价管控机制"的调查问卷 …… 206

图　目　录

图 1-1　学术评价机制相关文献时间趋势 …………………… 4
图 1-2　学术评价机制文献的学科分布 ………………………… 5
图 1-3　研究框架与方法 …………………………………………… 14
图 1-4　512 位受访者职业类型分布 …………………………… 18
图 1-5　拆分多选后的受访者职业类型分布情况 …………… 19
图 1-6　512 位受访者所属学科类型分布 ……………………… 20
图 1-7　512 位受访者职称分布 ………………………………… 22
图 1-8　512 位受访者的最高学历分布 ………………………… 23
图 1-9　512 位受访者所在单位类型分布 ……………………… 24
图 1-10　512 位受访者的评价角色选择分布 ………………… 24
图 1-11　拆分后评价角色的分布状况 ………………………… 25
图 2-1　人文社科学术成果评价要素关系简图 ……………… 33
图 3-1　问题严重程度总体得分均值排序 ……………………… 42
图 3-2　按评价角色问题严重程度得分均值排序 …………… 47
图 3-3　按问题总体严重程度的 Ridit 聚类结果 …………… 52
图 3-4　被评价者对问题严重程度的 Ridit 聚类结果 ……… 54
图 3-5　评审者对问题严重程度的 Ridit 聚类结果 ………… 55
图 3-6　评价组织者对问题严重程度的 Ridit 聚类结果 …… 57
图 3-7　评价研究者对问题严重程度的 Ridit 聚类结果 …… 58
图 3-8　最严重问题得票总数排序 ……………………………… 67

图 3-9	按评价角色最严重问题得票次数排序 ……………	71
图 4-1	管控措施必要程度得分均值排序 ………………	77
图 4-2	按方案一措施必要程度得分均值排序 ……………	83
图 4-3	按方案二措施必要程度得分均值排序 ……………	84
图 4-4	按管控措施必要程度的 Ridit 聚类结果 …………	87
图 4-5	最有必要措施得票总数排序 ……………………	97
图 4-6	按方案一最有必要措施得票次数排序 ……………	103
图 4-7	按方案二最有必要措施得票次数排序 ……………	105
图 5-1	按方案一不同评价角色对评价存在重要问题得分均值对比 ……………………………………………	115
图 5-2	学科类型与评价角色对问题严重程度的认识呈显著交互效应的问题 ……………………………	161
图 5-3	职称与评价角色对问题严重程度的认识呈显著交互效应的问题 ……………………………………	163
图 5-4	职称与评价角色对措施必要程度的认识呈显著交互效应的措施 ……………………………………	165
图 5-5	学历与评价角色对问题严重程度的认识呈显著交互效应的问题 ……………………………………	168
图 5-6	单位类型与评价角色对问题严重程度的认识呈显著交互效应的问题 ………………………………	171
图 6-1	以创新和质量为导向的中国人文社科学术成果评价管控机制的基本架构和内容体系(简牍模型) ………	178

表 目 录

表 1-1　拆分后受访者所属学科分布情况 …………… 21
表 3-1　问题严重程度总体得分均值从高到低排序 …………… 43
表 3-2　不同评价要素最严重的问题得分均值 …………… 46
表 3-3　按评价角色问题严重程度得分均值前三名 …………… 48
表 3-4　按评价角色问题严重程度得分均值后三名(最不严重) …………… 49
表 3-5　32 个问题严重程度主成分分析特征值及解释的总方差 …………… 60
表 3-6　32 个问题严重程度主成分分析的成分矩阵 …………… 62
表 3-7　32 个问题严重程度经基准值调整后的成分矩阵 …………… 64
表 3-8　最严重问题得票次数前四名 …………… 68
表 3-9　不同评价要素最严重问题得票情况对比 …………… 69
表 3-10　按评价角色最严重问题得票次数前三名 …………… 72
表 4-1　评价管控措施必要程度得分均值排序 …………… 77
表 4-2　围绕不同评价要素最有必要的措施 …………… 80
表 4-3　按方案一管控措施必要程度得分均值前三名 …………… 83
表 4-4　按方案一管控措施必要程度得分均值后三名 …………… 84
表 4-5　按方案二管控措施必要程度得分均值前三名 …………… 85
表 4-6　按方案二管控措施必要程度得分均值后三名 …………… 86
表 4-7　42 项措施必要程度的主成分特征值及解释的总方差 …………… 89
表 4-8　42 项措施必要程度变量的主成分分析成分矩阵 …………… 91
表 4-9　42 项措施必要程度经基准值调整后的成分矩阵 …………… 94

表 4-10　最有必要措施得票次数及排序 …………………… 98
表 4-11　不同评价要素最有必要措施得票情况对比 ………… 101
表 4-12　按方案一最有必要措施得票次数前三名 …………… 104
表 4-13　按方案二最有必要措施得票次数前三名 …………… 106
表 5-1　按方案一对评价存在重要问题严重程度的 ANOVA 分析
　　　　结果 …………………………………………………… 116
表 5-2　方案一对评价存在重要问题严重程度方差齐次性检验
　　　　结果 …………………………………………………… 121
表 5-3　按方案一三种评价角色的方差分析结果汇总 ………… 123
表 5-4　按方案二对评价角色差异的问题均值检验假设命题 … 126
表 5-5　方案二的问题 ANOVA 均值差异显著性检验 ………… 127
表 5-6　方案二问题的方差齐次性检验结果 …………………… 132
表 5-7　按方案二四种评价角色对问题严重程度的方差分析
　　　　结果汇总 ……………………………………………… 133
表 5-8　方案一的措施 ANOVA 分析结果 …………………… 138
表 5-9　方案一的措施方差齐次性检验结果 ………………… 144
表 5-10　按方案一三种评价角色的措施方差分析结果汇总 … 145
表 5-11　方案二的措施 ANOVA 分析结果 ………………… 147
表 5-12　方案二的措施方差齐次性检验结果 ……………… 153
表 5-13　按方案二四种评价角色的问题方差分析结果汇总 … 154
表 5-14　按方案二不同评价角色对问题和措施认识的 Spearman
　　　　相关系数 ……………………………………………… 158
表 5-15　方案一和方案二评价角色对评价问题的认知差异性检验
　　　　结果汇总 ……………………………………………… 173
表 5-16　方案一和方案二评价角色对评价管控措施的认知差异性
　　　　检验结果汇总 ………………………………………… 174

1 研究概述

1.1 研究背景与意义

1.1.1 研究背景

1. 成果评价的诸多问题正在制约中国人文社会科学的健康发展

如武汉大学邱均平教授所言"没有科学的评价,就没有科学的管理,也就没有科学的发展",评价活动在许多领域均发挥着不可或缺的作用。但是,中国的人文社会科学成果评价所发挥的作用,却喜忧参半。虽然经过长期的不懈努力,人文社科学术评价体系已初现端倪并发挥了重要作用,但总体上学者和管理者对评价研究与实践的反思、总结、改革、探索从未间断。目前中国人文社科成果评价存在质量和创新力评价弱化、过分数量化、过分形式化、过分简单化(或官僚化、管理简单化)、评价主体淡化、评价结果软化等"六化"问题[1],这样的评价体系正在制约甚至阻碍中国人文社会科学的健康发展。

2. 评价机制不完善是造成人文社科成果评价问题的重要原因

事实上,中国人文社科成果评价出现的一系列问题,通常并非是局部原因造成的,一个问题往往涉及多个部门、多类人文社科工作者,因此可以说评价机制不完善(即评价要素之间不协调)是造成这些问题并使评价偏离最

---

[1] 叶继元. 建立和完善以质量和创新为导向的哲学社会科学评价体系[EB/OL]. (2012-02-20)[2014-07-20]. http://gjs.ujs.edu.cn/show_news.asp?Fk_Down_Id=422.

初目标的重要诱因。清华大学仲伟民教授曾明确地指出：评价完全违背了中央精神，即当前的评价严重违背了中央所号召的"不折腾"原则、以人为本精神，同时，崇尚"学术 GDP"的做法还违背了科学发展观①，所以必须对学术评价机制进行改进或治理。中共中央办公厅、国务院办公厅 2011 年转发的《教育部关于深入推进高等学校哲学社会科学繁荣发展的意见》也指出："完善以创新和质量为导向的科研评价机制是建设国家哲学社会科学创新体系的重点任务之一。"在当前中国的人文社会科学发展中，以创新和质量为导向的评价管理控制机制是严重缺位和失效的，这是改进评价机制亟须解决的问题。

3. 构建并完善人文社科成果评价管控机制迫切需要实证支撑

中国人文社科学术成果评价在评价机制层面的问题，已引起相关方面的重视，学术界、管理部门和评价研究领域，都在求索评价机制改进和完善的有效路径，改革已呼之欲出。然而，这项工作任重道远，很难一蹴而就，需要针对当前评价机制存在问题的症结，制定有效措施、循序渐进地推进。为此，有必要深入研究中国人文社科学术成果评价存在的弊端和不足，明确需要重点管控之处，以及相关管控措施的必要性和有效性。显然，要研究这一问题，仅仅通过讨论和定性判断还不够，更多、更有效的实证研究是不可或缺的。因此，笔者以创新和质量为导向，围绕中国人文社科成果评价存在的重要问题及相应的管控措施与机制，开展实证调查研究，希望为推进中国人文社科学术成果评价机制的改进提供参考。

1.1.2 研究意义

本书将"以创新和质量为导向的中国人文社科学术成果评价管理控制机制研究"（以下统一简称"评价管控机制"）界定为：以创新和质量为目标

---

① 仲伟民. 为什么必须改革目前的学术评价机制？(2009 - 03 - 14)[2014 - 07 - 20]. http://www.acriticism.com/article.asp? Newsid=10363&type=1008.

导向,对人文社会科学学术成果实施科学有效的评价并进行相关管理控制的要素、机理及其相互关系和制度化的作用方式。也就是说,评价管控机制既包括评价活动中的管控机制,又包括对评价活动进行管控的机制。本书将围绕中国人文社科学术成果评价中需要重点管控的问题、关键管控措施,以及不同评价角色的认识差异等问题,通过调查分析等实证研究方法和归纳演绎等理论推理开展研究,以期构建出既能体现现实需求又具有理论和逻辑合理性的人文社科学术成果评价管控机制,此研究兼具理论意义和现实意义。

1. 理论意义

(1) 对人文社科学术成果评价管控机制各要素的功能、作用关系、架构与内容等基本规律进行系统研究,有利于深入、全面和客观地认识人文社科学术成果评价的内在规律,进一步丰富和完善学术成果评价的理论体系,为形成适应中国人文社科发展的学术成果评价体系奠定理论基础。

(2) 通过调查、定量等实证研究方法构建人文社科学术成果评价管控机制并探讨相关一系列问题,有利于进一步拓展和充实学术评价研究的方法体系。

(3) 以创新和质量为导向系统地梳理和探讨人文社科学术成果评价中需要重点管控的问题及相应管控措施,有利于为学术评价研究者进一步开展有序研究指明方向,从而促进学术规范和科研管理理论体系的长远发展。

2. 现实意义

(1) 以创新和质量为导向系统地调查和分析人文社科工作者对学术成果评价管控机制的认识,有利于掌握关于重点管控问题、关键管控措施等一手资料,提高学术成果评价管控的科学性,促进评价实践朝着创新和质量导向的方向改进。

(2) 围绕人文社科成果评价管控机制开展研究,有利于为科研管理部门和教育管理部门制定学术评价管理政策和措施提供有价值的实证证据和数据参考,也有利于为提高科研管理水平和科研产出质量提供必要的理论指导。

(3) 构建人文社科成果评价管控机制,有利于切实完善中国人文社科学术成果评价体制，对于支撑国家人文社会科学创新体系建设，促进人文社会科学的大繁荣、大发展也具有重要意义。

1.2 国内外研究现状

学术评价机制问题近年来备受学术界关注。国内外学者已对学术评价机制开展了一系列研究和思考。

1.2.1 国内外相关研究概述

笔者利用超星中文发现系统检索题名中包含"学术评价机制"的文献，共得到76篇，其时间分布如图1-1所示，2009年和2013年分别出现成果数量的高峰。

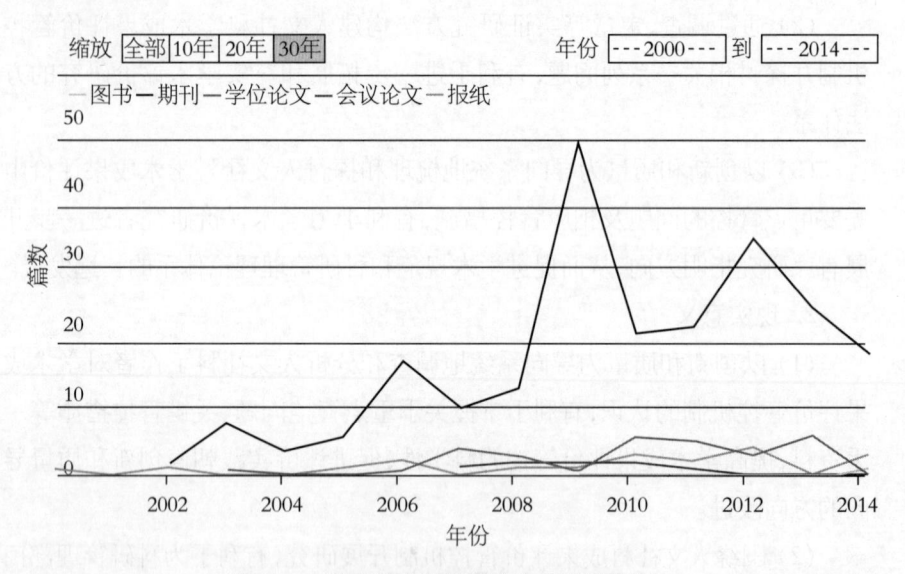

图1-1 学术评价机制相关文献时间趋势

研究发现关于学术评价机制的文献涉及的作者、学科、期刊、地区、资助基金的数量和类型均较多，说明这一论题吸引了学术界各类学者的广泛关注。作者的核心区不明显,每位作者发文数量为1~3篇;学科以文化、科技方面的学者居多,但其他学科领域也有涉及(如图1-2所示);涉及的期刊、地区数量很多,呈分散分布;资助基金中国家社科基金、教育部基金、省市基金项目几乎呈"三分"状态。

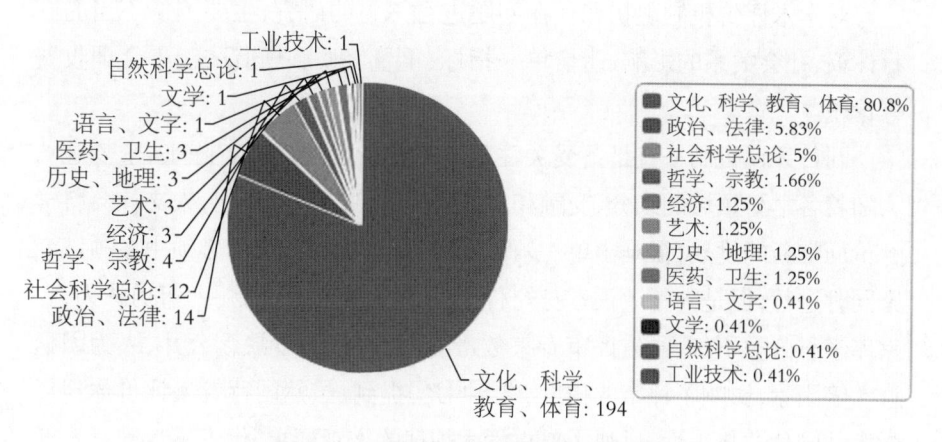

图1-2 学术评价机制文献的学科分布

若将检索方式更换为关键词,则可检索到更多的研究成果,充分说明近年来学术评价机制已成为学术界研究的热点问题之一,相关文献也已经达到一定规模。黄筱玲、晁蓉将关于学术评价机制的论文进行分类,归纳为学术期刊和学术评价,哲学社会科学学术评价机制研究,学术评价理论分析,学术评价机制缺陷与困境分析,学术评价管理、评价主体分析,高校学报评价问题与对策,评价指标研究,学术规范研究等8个主题,指出学术评价机制是评估科研绩效及学术能力的一系列制度,其作用主要体现在约束与激励两个方面,即对学术不端行为的约束和对学术创新活动的激励;学术评价的目的是认识学术活动状态和属性,区分和检验研究成果的理论价值和应用价值,通过评价结果考核业绩、改进工作,配置学术资源,引导学术发展,推动学术创新。①

---

① 黄筱玲,晁蓉.困境中的突围——当前学术评价机制研究综述[J].当代教育理论与实践,2013(12):61-63.

从研究内容来看,国内学者普遍呼吁"从困境中突围",完善现行学术评价机制成了学术界、教育界、科技界乃至社会舆论的一个共识。国内相关研究可分为四类,西方一些评价机制方面的研究也值得借鉴。

1. 总结和批判中国学术成果评价机制存在的问题

对学术评价机制现状和存在问题进行探讨的研究,主要围绕不当的同行评议、社会关系的影响、迷信单一指标、重量轻质、以刊评文、不合理收费等论题。

同行评议机制一直是备受关注的学术评价问题之一。陈平、李梦虮认为随着各学科领域的细分、交融和实证研究方法的大量采用,人文社会科学评价面临新的挑战,很难由单一领域专家做出科学评价,而必须由多领域专家同时进行,但是同行评议本身的科学性却受到诸多质疑。[1] 蓝勇认为,专家库学科分类不细、通信评审专家数量有限、终评制度缺乏公开、人为因素过大等因素,影响了评审的信度。[2] 钟书华提到,虽然同行专家评价体现了学术共同体的自主性,反映了尊重学术规律的客观要求,代表了目前学术评价的主流,但是存在"大同行"和"小同行"的悖论,决定学术评价结果的往往是泛泛了解评价对象的大同行,而不是真正熟悉评价对象的小同行,并且同行专家多重社会属性会带来干扰。[3] 评审过程中,"打招呼""靠关系"现象严重,"以人评文"现象突出。[4] 中国社会科学院法学研究所法治国情调研组通过问卷调查进行实证研究也印证了这一观点,即关系稿、人情稿的问题非常严重。[5]

学术评价中过分迷信单一指标的机制,无法反映个人综合能力,在以往

---

[1] 陈平,李梦虮. 新时期人文社会科学学术评价机制探讨[J]. 重庆大学学报(社会科学版),2009(4):97-100.
[2] 蓝勇. 中国学术评价机制与系统三题[J]. 社会科学管理与评论,2005(1):42-44.
[3] 钟书华. 学术评价机制与同行专家评价[J]. 华中科技大学学报(社会科学版),2008(4):122-123.
[4] 陈道德. 当前的学术评价机制急需改进[J]. 云梦学刊,2013(4):52.
[5] 中国社会科学院法学研究所法治国情调研组. 中国学术评价机制的弊端和改革之路[J]. 社会科学管理与评论,2013(1):13-25.

的研究中，这也是一个被着重强调的问题。杨敏、李学永认为，学术工作和成果已经被简化为一组数据，文章的数量、期刊等级、受资助的经费数目以及商业运用效果成为学术评价的唯一指标，而基础研究由于耗时长、枯燥、短期内很难出成果，逐渐被学者们忽视。[①] 重量轻质的问题也日渐凸显，金晞认为长期以来，管理部门往往通过项目、论文、论著等的数量对研究人员进行考评，导致研究人员急功近利，学术荒芜。[②]

以刊评文机制也在多篇论文中被提及。《科学引文索引》(SCI)似乎成了"以刊评文"最突出的表现之一，王瑜认为，中国将 SCI 引入学术评价体系时，将 SCI 论文数与学位、职称、申请科研基金以及物质奖励相结合，赋予了其不该承担的各种内涵，导致研究人员费尽心思增加 SCI 论文数。[③] 吴雪松、张雪等学者更是将 SCI 戏称为"外来的经"，认为 SCI 仅仅是一本"美国的经"，而问题的关键在于"中国的和尚"。SCI 是学术评价的一把客观、有效的"尺子"，但是不应该把 SCI 变成唯一的"尺子"，更不应该将职称晋升、课题申报、成果评审等都用以影响因子为刻度的 SCI 尺子去衡量。[④] 一旦发表论文的数量和期刊等级变成学术评价的重要标尺，随之而来的一个问题就是期刊收费问题。中国社会科学院法学研究所法治国情调研组的问卷调查反映，研究人员每次向核心期刊、非核心期刊缴纳的版面费从数百元到数千元不等[⑤]。

2. 探讨中国学术成果评价机制的问题症结

朱剑认为，将期刊等级用于学术评价是评价机制的异化，因为其假设在横向上同一期刊发表的所有论文质量上无差异，在纵向上视期刊的过去与现时无差异，而这是不成立的，极易导致学术评价危机，而更深层次的危机

---

① 杨敏，李学永.论学术评价机制的完善[J].政法论丛，2009(5)：90 - 96.
② 金晞.高等院校学术评价机制改革散论[J].江苏教育学院学报(社会科学)，2011(6)：51 - 55.
③ 王瑜.高校学术评价机制研究[J].科技管理研究，2009(4)：113 - 114.
④ 吴雪松，张雪，尹梅，等.中国的和尚与美国的经——关于 SCI 与中国学术评价机制的几点认识[J].医学与哲学，2014(11)：11 - 13.
⑤ 中国社会科学院法学研究所法治国情调研组.中国学术评价机制的弊端和改革之路[J].社会科学管理与评论，2013(1)：13 - 25.

是评价机构与评价对象间信息不对称,其后果是学术批评的式微与学术诚信的缺失。① 赵健、任剑新从双边平台的角度进行研究,发现杂志收费并不是导致文章质量下降的根本原因,不科学的学术评价机制导致追求利润最大化的杂志丧失质量控制功能,造成乱收费、文章质量低下和读者流失,而保留控制质量功能的学术杂志则会设立过高的质量标准,使得一些有价值的文章难以在这些学术杂志上发表,导致社会福利的损失。② 范建凤认为,评价"短平快"使科研立项快,结果出来快,论文发表也快,要求教授、副教授每年必须发表若干篇论文的做法并不利于研究的长远发展,也是评价机制需要重点改革之处。③ 在评审过程中,监督与公示不完善的问题也被提及,杨建林、朱惠等学者认为,法律法规不健全、内部监督缺乏独立性、社会监督力度不足、公示和惩罚措施不健全等是影响学术评价质量的重要原因。④

3. 提出中国学术成果评价具体机制的完善策略

批评一种制度容易,建设新制度却很难。当前的研究主要集中在对学术评价现状的考察,只有少部分文献对学术评价机制建言献策。改革学术评价体系是中国学术创新的必要条件和必由之路。针对同行评议问题,何华、陈太勇等人认为,专家评委的权力也是一个公共权力,必须受到制衡,以保证评价活动的客观性和公正性,因此必须加强对评价者的再评价,建立起评审监督机制。⑤ 陈平、李梦觑提到要建立专家信誉档案⑥,钟书华认为要

---

① 朱剑. 重建学术评价机制的逻辑起点——从"核心期刊"、"来源期刊"排行榜谈起[J]. 清华大学学报(哲学社会科学版),2012(1):5-15.
② 赵健,任剑新. 学术杂志定价、质量与学术评价机制——从双边平台视角的研究[J]. 中南财经政法大学学报,2011(2):81-87.
③ 范建凤. 当前学术评价机制的特点及其对高校学报工作的负效应[J]. 江汉大学学报(社会科学版),2008(4):31-34.
④ 杨建林,朱惠,邓三鸿,等. 我国现有学术评价机制的缺陷分析[J]. 情报理论与实践,2012(6):1-6.
⑤ 何华,陈太勇,徐娟,等. 完善大学哲学社会科学的学术评价机制[J]. 宜宾学院学报,2011(5):14-19.
⑥ 陈平,李梦觑. 新时期人文社会科学学术评价机制探讨[J]. 重庆大学学报(社会科学版),2009(4):97-100.

建立专家数据库,并进行定期更换,在一定领域可以邀请港澳台专家进行评审,此外,还应当结合引文分析①。针对重数量而轻质量的问题,张琪、何华锋等人提议建立以质量为导向、创新性为核心、尊重学术研究规律的学术评价机制,建立分类评价体制,形成校院两级分工合作的考核体系。② 针对收费问题,木星认为,应当调整研究生考核机制,完善政府对大学和研究机构的评价体系,从源头上控制论文发表的非正常需求,强化期刊的考察治理,惩治乱收费期刊,政府也应当加大投入,保证学术期刊的正常运作,并以条文明确规定版面费的存废问题。③ 杨建林、朱惠等学者则提出学术界应该在系统论角度下,考察分析现行学术评价的问题,并在系统论视角下,对当前学术评价提出了一系列建议。④

4. 探讨中国人文社科学术成果评价机制的特殊性

人文社科成果是人们在从事人文社会科学研究和实践活动中,通过创造性劳动所取得的具有规律性认识或改造世界作用的成就或结果。目前,中国人文社科学术成果评价以文献计量为主,同行评议为辅。人文社会科学相对于自然科学而言有其独特性,如地域性和民族性、真理检验的困难性、价值实现的潜在性。因此,对其学术成果评价不能生搬硬套自然科学的评价方法,而应形成与人文社会科学研究规律及特性相适应的评价方法、评价主体、评价程序、评价规则体系等。⑤ 黄忠顺认为,在人文社会科学领域,对学术成果进行量化评价,相对于传统的权威评价时期评价主体的批判性

---

① 钟书华. 学术评价机制与同行专家评价[J]. 华中科技大学学报(社会科学版),2008(4): 122-123.

② 张琪,何华锋,郑建飞,等. 以质量为导向的高校教师学术评价机制初探[J]. 时代教育,2014(11): 135.

③ 木星. 版面费难题的破解呼唤评价机制、管理体制创新——关于学术刊物版面费问题论争的述评[J]. 山西广播电视大学学报,2012(3): 93-98.

④ 杨建林,朱惠,邓三鸿,等. 我国现有学术评价机制的缺陷分析[J]. 情报理论与实践,2012(6): 1-6.

⑤ 何华,陈太勇,徐娟,等. 完善大学哲学社会科学的学术评价机制[J]. 宜宾学院学报,2011(5): 14-19.

眼光和勇于承担的态度,是对评价责任的逃避。① 邓毅认为,人文社会科学研究成果评价分类不够明确,在一些评价活动中,用同一评价标准评价不同类型的成果,不能客观、真实、准确地反映不同评价对象的实际情况;专家评议制和信誉制度不够完善,重人情、本位主义等现象在某些评价活动中还时有发生,影响了评价工作的客观性与公正性。因此他提出采用引证分析法、异地评审、建立专家库完善监督机制等建议②。在诸多机制中,以创新和质量为导向的管理控制机制的严重缺位和失效,更是当前亟须解决的问题。

5. 国外关于评价机制的重要研究概述

与中国不同,西方学术成果评价以同行评议为主,文献计量为辅。西方有关评价机制的研究有两个特点,一是注重同行评议的微观研究,二是与科研政策的结合十分紧密,如英国科研评估计划(RAE)直接决定科研经费分配,芬兰教育部也建议建立这种基于绩效的拨款机制。关于评价机制的如下几种典型研究也值得我们思考和借鉴。

(1) 探讨科研评价的消极影响,呼吁对评价机制进行改革。如赛克斯(Sikes)认为评价增加了学者的压力、改变了工作方式、影响了专业性,应通过改革降低这些负面作用③;伯纳德(Bernard)发现功利化的科研评估使历史学家无法认真开展研究,改革势在必行④。

(2) 关于同行评议机制的改进。如霍罗宾(Horrobin)认为,只有当事人对基本意图有清楚的认识时,同行评议才可以获得较好的效果,而这一目标的实现,需要双方质量控制和创新鼓励;如果两者之间的平衡被破坏,同

---

① 黄忠顺.权威的衰微与评论的兴起——关于人文社科学术评价机制的思考[J].长江大学学报(社会科学版),2005(4):99-100.
② 邓毅.建立科学评价机制改进成果评奖办法——关于人文社会科学研究成果评价的若干思考[J].华南师范大学学报(社会科学版),2004(5):7-11.
③ SIKES P. Working in a "New" university: in the shadow of the research assessment exercise? [J]. Studies in higher education, 2006,31(5):555-568.
④ BERNARD G W. History and research assessment exercises[J]. Oxford review of education, 2000, 26(1):95-106.

行评议将无法实现目的。① 科尔(Cole)和西蒙(Simon)的研究表明,能否获得经费支持,很大程度上取决于运气,取决于是哪位评审者被选为评委,同时,没有证据表明美国国家科学基金会的评审存在系统性偏差。② 文纳拉斯(Wenneras)和沃尔德(Wold)给科研生产力定义参数,并将该参数和能力分数等进行多元回归分析,证明了同行评议中的评审者存在性别歧视,过分看重男性的成就而忽视女性的表现。③

(3) 数量评价与质量评价的平衡机制。如塔利布(Talib)认为科研评估必须权衡数量与质量④;莫德(Moed)发现英国的科研评估经历了"注重数量、注重质量、再次注重数量"三个阶段⑤。

(4) 政策导向的多元化评价机制。马兹利什(Mazlish)认为成果质量包括内部学术质量和外部社会质量⑥;阿斯特伯里(Astbury)从政策角度探讨了评价的机制和理论问题⑦。

1.2.2 国内外研究现状小结

在研究内容方面,已有文献对学术评价机制的研究,主要集中在阐述当前学术成果评价机制的种种乱象,只有其中一少部分文献对未来学术成果

---

① HORROBIN D F. The philosophical basis of peer review and the suppression of innovation[J]. Journal of the American medical association, 1990,263(10):1438-1441.
② COLE S, SIMON G A. Chance and consensus in peer review[J]. Science, 1981.
③ WENNERAS C, WOLD A. Nepotism and sexism in peer-review[J]. Nature, 1997, 389(6649):341-343.
④ TALIB A A. Simulations of the submission decision in the research assessment exercise: the "who" and "where" decision[J]. Education Economics, 1999,7(1):39-51.
⑤ MOED H F. UK research assessment exercises: informed judgments on research quality or quantity? [J]. Sientometrics, 2008,74(1):153-161.
⑥ MAZLISH B. The quality of "the quality of science": an evaluation[J]. Science, technology & human values, 1982,7(38):42-52.
⑦ ASTBURY B, LEEUW F L. Unpacking black boxes: mechanisms and theory building in evaluation[J]. American journal of evaluation, 2010,31(3):363-381.

评价机制改革提出了一些有建设性的管控措施。从对现有研究的梳理可以看出,对评价机制的研究是较为零散的,对评价中需要重点管控的问题和相应措施开展的研究缺乏系统性。

在研究视角和方法方面,主要是通过现象论述或案例分析,描述评价机制存在的问题和不足,实证研究较少。可以说,已有研究主要从个案出发对这些问题进行定性讨论,缺乏基于较广范围的数据支撑;此外,从评价管理和控制的视角集中探讨评价机制层面问题的研究尤为缺乏,这也为本课题的开展提供了潜在的切入点。

从国内外研究的对比来看,国内研究对评价机制的关注比国外研究更多,但研究主要集中在宏观层面上,对具体问题的解决思路的研究较为缺乏;而这一点正是国外研究的长处所在,西方关于评价机制的研究从微观的具体问题出发展开深入分析,并提出有效的解决思路。因而,本课题研究有必要在评价管控机制的微观机理上做深、做细。

因此在积极学习借鉴前人研究成果的基础之上,本课题将围绕选题同时开展理论探讨和实证研究。一方面希望通过对人文社科评价要素、角色和管控维度的理论分析,提出研究和构建评价管控机制的理论框架,并确保研究的系统性;另一方面希望通过实证研究,对中国人文社科学术成果评价存在的重要问题及相关管控措施进行探讨,并采用统计分析方法,从实证数据中总结分析评价及评价管控机制的微观机理和内在发展规律,在构建出评价管控机制的基本架构的同时,为研究和改进评价机制提供实证性数据参考和有价值的对策建议。

1.3 研究目的与内容

针对现有研究的不足和现实的迫切需求,本课题研究的核心目的是构建出"以创新和质量为导向的中国人文社科学术成果评价管控机制"。从前文的分析可以看出,中国人文社科学术成果评价机制有两条重要的研究主线,一是存在哪些不足和问题,二是有哪些改进和解决的措施。此外,从文献上还可以看出,评价研究者、成果被评价者、评价组织者和评审者等不同评价角色对学术评价的认识不甚一致,但目前尚无研究关注这一论题。为此,围绕研究的核心目的,笔者设置了如下研究问题:

(1) 以创新和质量为导向的中国人文社科学术成果评价管控机制要实现怎样的目标?应具备怎样的功能?

(2) 以创新和质量为导向的中国人文社科学术成果评价管控机制应由哪些要素构成,其相互之间的关系和作用机理如何?

(3) 哪些因素是以创新和质量为导向的中国人文社科学术成果评价管控机制应控并可控的关键变量?换句话说,当前中国人文社科学术成果评价存在的哪些问题迫切需要予以管控?

(4) 应通过哪些关键手段和措施对当前中国人文社科评价存在的问题进行管控?这些手段和措施的有效性和必要性怎样?

(5) 以创新和质量为导向的中国人文社科学术成果评价管控机制在实际操作中应如何实施和推进?

(6) 不同评价角色对评价管控机制的认识是否存在差异?这些差异在构建和完善评价管控机制中应如何体现?

按照研究目的和研究问题,围绕评价管控机制这一研究对象,本研究围绕两条主线开展:一是重点问题管控,二是评价角色差异。前者着重探讨上述的第 3 个研究问题,即中国人文社科学术成果评价存在哪些需要重点管控的问题、应如何管控?后者着重探讨第 6 个研究问题,即在学术成果评价中,不同评价角色对评价存在问题和管控机制的认识是否存在差异?这两条主线既使本研究在逻辑上相互关联,又体现出研究的重点和特色。

1.4 研究框架与方法

笔者采用图 1-3 所示的研究框架与方法开展调查研究,其中图 1-3 的上半部分着重描述相关研究方法,下半部分着重展示研究框架。

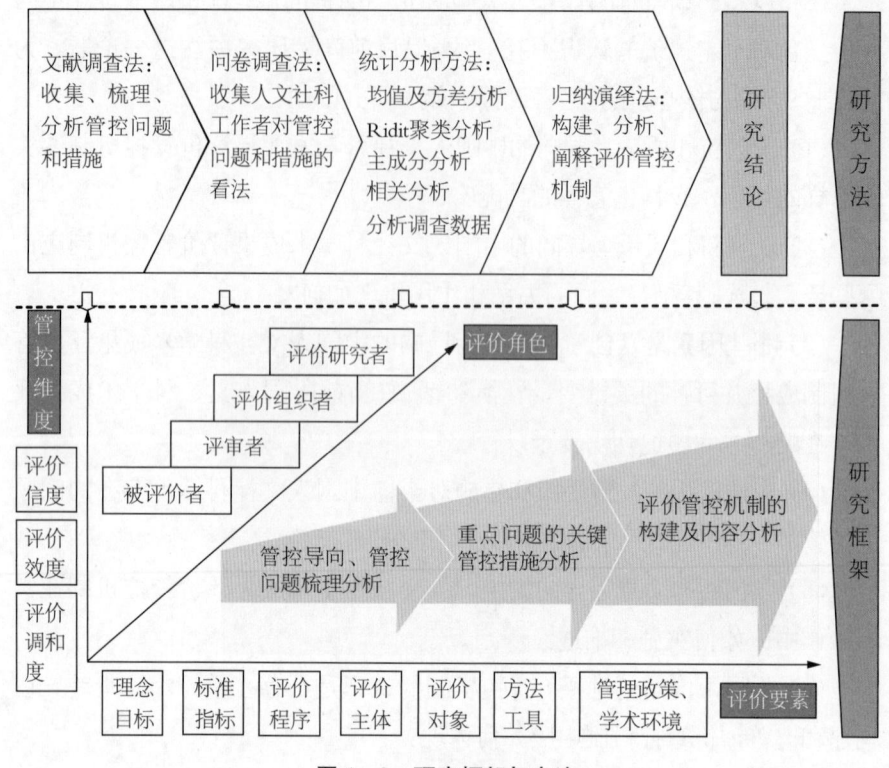

图 1-3 研究框架与方法

1.4.1 研究框架

如图 1-3 下半部分所示,研究内容围绕评价要素、管控维度和评价角色的三维框架展开。其中借鉴叶继元的研究[1]和杨建林等学者的研究[2]将评价要素确定为评价目标与理念、评价标准与指标、评价主体、评价程序、评

---

[1] 叶继元.人文社会科学评价体系探讨[J].南京大学学报(哲学·人文科学·社会科学版),2010(1):97-110.
[2] 杨建林,朱惠,邓三鸿,等.我国现有学术评价机制的缺陷分析[J].情报理论与实践,2012(6):1-6.

价对象、评价方法与工具、管理政策与学术环境七个要素。将管控维度设置为对评价信度、评价效度和评价调和度三者的管理和控制,其中,评价信度即判断人文社科成果创新和质量过程中"随机误差"的多少,即当评价体系中某一因素发生变化时,评价结果的一致性程度;评价效度即评价过程和结果所反映出的人文社科成果创新和质量特征的有效程度;评价调和度是指以学术成果创新和质量提升最大化为目标,通过制定协调规则使评价中各类矛盾冲突达到平衡与和谐的程度。将人文社科评价角色界定为四类:被评价者、评审者、评价组织者和评价研究者。被评价者即成果作者,表示有成果曾被评审;评审者是指曾作为评审专家评价他人成果;评价组织者具有参与组织评价活动的经历;评价研究者则是指将学术评价作为其研究领域之一的学者。

根据这个三维框架,本书将首先对管控的创新和质量导向,以及需要重点管控的评价问题进行梳理分析,并在此基础上围绕管控导向,对相应的关键管控措施进行梳理分析,最终构建出以创新和质量为导向的中国人文社科学术成果评价管控机制的基本架构内容体系,并对评价管控机制所包含要素的具体内容、相互关系与作用机理以及机制的推行和实施策略等进行分析阐释,形成相关研究结论。

1.4.2 研究方法

如图1-3的上半部分所示,笔者主要采用四类研究方法依次推进研究内容。

1. 文献调查法

文献调查法主要用于梳理分析学者已提出的中国人文社科学术成果评价存在的重要问题和相关的管控措施,以便设计问卷。首先从已有研究文献中归纳出当前中国人文社科学术成果评价存在的一系列需要进行管控的重要问题及相应管控措施;其次从评价要素、管控维度和评价角色三个角度,对管控问题和管控措施进行梳理分析;最后组织研讨、征求专家意见,对问题和措施进行规整、合并同类项，挑选出 33 个较受关注的待管控问题及相应的 42 项管控措施，作为设计调查问卷的主要依据。问题梳理结果详见附录 1。

此外，这一方法还将用于已有研究与本课题研究结论的相互印证或讨论。在分析问卷调查数据时，基于数据统计分析得出的有关评价管控机制的结论，将与相关研究文献已得出的结论进行对比或讨论，以确保本课题研究结论与已有研究之间的有机联系。

2. 问卷调查法

基于文献调查确定的评价存在的重要管控问题和管控措施，围绕笔者设置的研究问题，面向中国人文社科工作者开展问卷调查。在设计问卷时，将调查对象分为被评价者、评审者、评价组织者和评价研究者四种不同的评价角色(各角色的定义见本书 1.4.1 节)。对相同的待管控问题采用不同的提问方式询问四种评价角色；但对于评价管控措施，四类角色的提问方式相同，只以受访者的角色背景作为区分。问卷用"−5～5 分"表示管控问题的严重程度和管控措施的必要程度，正数表示问题存在或措施有效，分数越高表示问题越严重、措施越必要；负数表示问题不存在或措施无效，分数越低表示问题越不严重或不存在，措施必要性也越低或无效；0 分表示弃权。问卷原稿详见附录 2。

问卷一共包括六个部分：

(1) 基本情况：受访者的职称、学科、评价角色等情况。

(2) 被评价者对学术评价存在问题(即待管控问题)的认识。

(3) 评审者对学术评价存在问题的认识。

(4) 评价组织者对学术评价存在问题的认识。

(5) 评价研究者对学术评价存在问题的认识。

(6) 受访者对中国人文社科学术评价管控措施的认识。

3. 统计分析法

在对问卷调查结果进行统计分析时，主要采用如下方法：

第一，均值及方差分析法。对 33 个管控问题和 42 项管控措施的得分均值进行分析,根据问题的严重程度,对其进行排序和分类;利用均值差异检验法中的方差分析,对比不同评价角色受访者对同一问题认识的差异;利用一般线性模型中的方差分析,分析不同背景、评价角色受访者之间的交互效应。

第二,Ridit 聚类分析法。用于对 33 个管控问题的严重程度和 42 项管控措施的必要程度分别进行聚类分析。根据聚类分析结果,判断出哪些问题相对较为严重,需要重点管控;哪些措施相对较为必要,迫切需要推行;哪些问题相对较不严重、哪些措施相对较不必要,在条件不充分时可以暂不关注。

第三,主成分分析法。用于对 33 个管控问题和 42 项管控措施的"主成分"进行分析,以便发现典型的问题或措施,判断出哪些问题或管控措施在研究结论中发挥了具有代表性的作用。

第四,相关分析法。用于对不同评价角色认识相关的分析,以便辅助判断哪些评价角色之间的认识相关更强。

本书将在后续应用到上述方法之处,对相应方法的原理及使用规则进行详细说明。

4. 归纳演绎法

在以上研究的基础上,本课题将采用归纳演绎法,总结阐释以创新和质量为导向的中国人文社科学术成果评价管控机制的内容体系,并对评价管控机制所包含的要素及具体内容、要素之间的相互关系和作用机理、机制推行和实施的策略等进行归纳、分析、阐释,最终形成本课题研究的基本结论。

1.5 问卷样本分布情况说明

问卷调查法是本书采用的重点方法之一,为了确保此方法的科学性,下面简要交代问卷调查的过程及受访者类型的分布情况。

2014 年 7—8 月,笔者通过"问卷星"配合电子邮件发放问卷。问卷受访者从"复印报刊资料"读者俱乐部数据库中随机提取,本次调查发放问卷 800 份,历时约 2 个月,共收回问卷 512 份,问卷有效性因题目存在差异。

"问卷星"的问卷地址如下:

地址一:http://www.sojump.com/jq/3726108.aspx。

地址二:http://www.sojump.com/jq/3720308.aspx。

样本发放方案的主要特征是:普遍为人文社科优秀论文作者,至少被"复印报刊资料"转载过 1 篇论文。通过对问卷样本的分布情况进行分析可发现,总体上可认为问卷样本分布情况较为理想,所覆盖的受访者类型较为全面,有利于得出较为可信的统计结果;分析样本时还指出了超出 30 人的受访者类型(即可认为此类受访者的数据具有统计意义),具体内容详见本书第 3 章。

1.5.1 受访者职业类型分布

在问卷中,受访者职业类型分为学者(从事人文社科学术研究的人)、编辑(从事人文社科学术编辑工作的人)、科研管理者(从事人文社科科研管理的人)、学生和其他五大类(详见附录 2 第 1 部分第 1 题),为多选题。

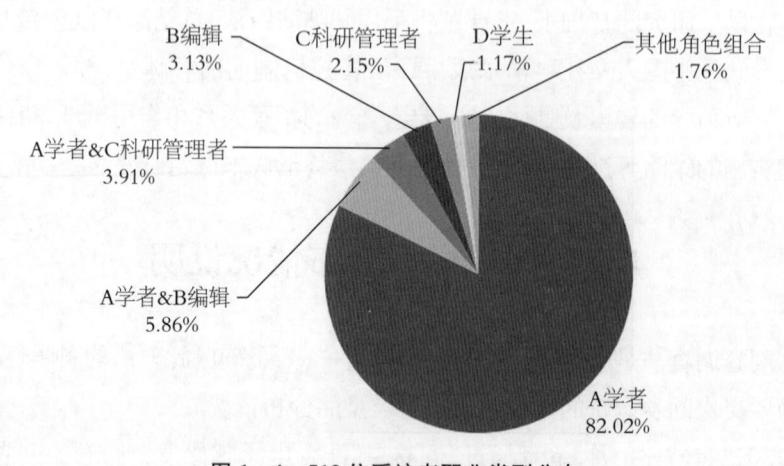

图 1-4 512 位受访者职业类型分布

如图1-4所示,根据问卷数据,收到的512份问卷中,只选择"学者"的受访者所占比例最高,为82.02%,占据了问卷样本的绝大多数;其次是同时选择"学者"和"编辑"的受访者,这两类职业类型的样本数均超过30,具有统计意义。同时选择"学者"和"科研管理者"的人、只选择"编辑"的人、只选择"科研管理者"的人,这些受访者占样本总比例处于2%~4%之间,每类均少于30人。此外"学生"和其他角色各占1%的比例。可见受访者职业类型覆盖较为全面,且与研究相关的职业类型受访者数量具有统计意义,有利于得出较为可信的统计结果。

为了更清晰地展现受访者职业类型的分布情况,将多选的情况进行拆分,只要包含某职业类型,就算作一条数据。

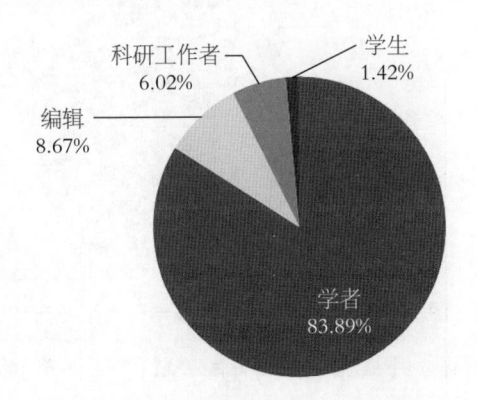

图 1-5 拆分多选后的受访者职业类型分布情况

如图1-5所示,512份问卷选择职业类型时包含"学者"的受访者所占比例为83.89%,包含"编辑"的受访者所占比例为8.67%,包含"科研管理者"的受访者所占比例为6.02%,且这三类受访者均超过30人,具有统计意义,有利于得出较为可信的统计结果。

1.5.2 受访者所属学科分布

在问卷中,受访者的所属学科为填空题(详见附录2第1部分第2题)。问卷回收后,按照教育部下发的《学位授予和人才培养学科目录

(2011年)》所设置的学科分类,结合本次问卷调查需要进行了规整,共将学科分为21个一级学科①。按受访者所属学科的跨学科类型,收到的512份问卷覆盖了21个一级学科。本次调查将受访者学科背景类型分为四大类:只从事人文学科(包括语言文学、历史学、艺术学和哲学四大类)的,只从事社会科学学科(除了四类人文学科以外的其他所有学科)的,跨人文、社会科学学科(跨上述两类学科)的,以及跨人文、社会科学与理学、工学、农学、医学学科的。

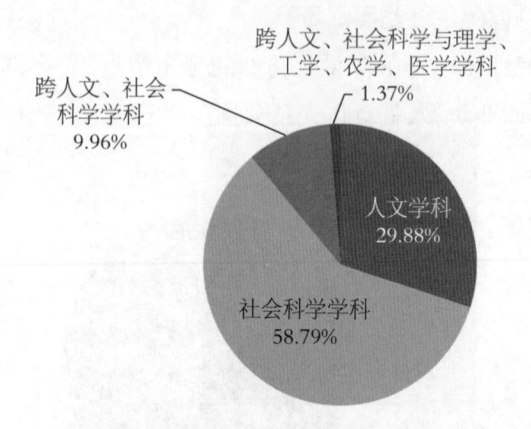

图1-6 512位受访者所属学科类型分布

如图1-6所示,只从事社会科学学科的受访者所占比例最高,为58.79%,其次是只从事人文学科的受访者,占29.88%,跨人文、社会科学学科的受访者占近10%,以上三类样本均超过50人,具有统计意义。跨人文、社会科学与理学、工学、农学、医学学科的受访者只占1.37%,为7人。

为了更清晰地展现受访者所属学科的分布情况,将多选学科的情况进行拆分。只要包含某学科,就算作一条数据,结果详见表1-1。

---

① 这21个一级学科是哲学、理论经济学、应用经济学、法学、政治学、社会学、民族学、马克思主义理论、教育学、心理学、体育学、中国语言文学、外国语言文学、新闻传播学、艺术学、历史学、人文经济地理学、工商管理、农林经济管理、公共管理,以及图书馆、情报与档案管理。

表 1-1 拆分后受访者所属学科分布情况

序号	一级学科	填写人次	比例/%
1	中国语言文学	72	9.25
2	历史学	71	9.13
3	应用经济学	65	8.35
4	教育学	64	8.23
5	哲学	59	7.58
6	工商管理	53	6.81
7	政治学	51	6.56
8	理论经济学	46	5.91
9	公共管理	45	5.78
10	马克思主义理论	43	5.53
11	外国语言文学	39	5.01
12	法学	38	4.88
13	社会学	35	4.50
14	新闻传播学	26	3.34
15	艺术学	24	3.08
16	图书馆、情报与档案管理	21	2.70
17	农林经济管理	8	1.03
18	民族学	7	0.90
19	体育学	5	0.64
20	人文经济地理学	4	0.51
21	心理学	2	0.26
	总计	778	100

如表 1-1 所示,序号 1~13 的学科,受访者人数均超过 30 人,具有统计意义。此外,序号 14~16 的学科,受访者人数处于 20~30 人之间,序号 17~21 的学科受访者人数均不超过 10 人。可见受访者的学科分布覆盖了研究所涉及的所有 21 个学科,覆盖面较广,有利于得出较为可信的统计结果。

1.5.3 受访者职称分布

在问卷中,受访者的职称分为正高级、副高级、中级、中级以下、学生和其他共六大类(详见附录 2 第 1 部分第 3 题),为单选题。

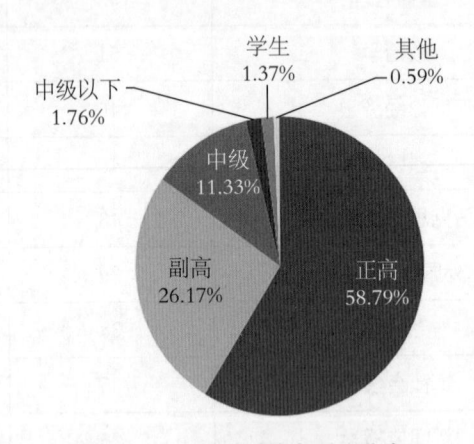

图 1-7　512 位受访者职称分布

如图 1-7 所示,正高级职称的受访者所占比例最高,为 58.79%,其次是副高级的受访者,占 26.17%,中级职称的受访者占 11.33%,以上三类样本均超过 50 人,具有统计意义。中级以下和其他级别职称或无职称的受访者共为 19 人,只占近 2%。可见受访者中具有高级职称的占绝大多数,中级职称的也有一定比例,有利于得出较为可信的统计结果。

1.5.4 受访者学历分布

在问卷中,受访者的最高学历分为博士、硕士、本科、本科以下和其他五大类(详见附录 2 第 1 部分第 4 题),为单选题。

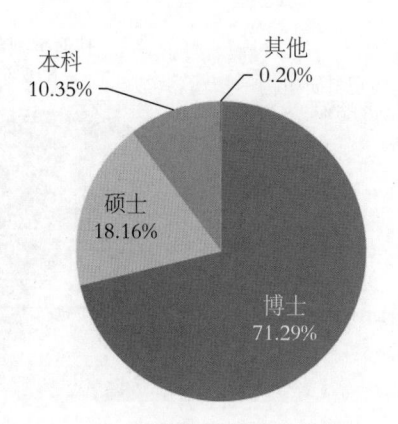

图 1-8　512 位受访者的最高学历分布

如图 1-8 所示,最高学历为博士的受访者所占比例最高,为 71.29%,其次是最高学历为硕士的受访者,占 18.16%,最高学历为本科的受访者占 1.35%,以上三类样本均超过 50 人,具有统计意义。512 位受访者中无"本科以下"学历,其他学历(自学)受访者有 1 人,占 0.20%。可见受访者中具有博士或硕士最高学历的占绝大多数,具有本科最高学历的也有一定比例,有利于得出较为可信的统计结果。

1.5.5　受访者所在单位类型分布

在问卷中,受访者所在单位的类型分为"211"高校、非"211"高校、国家级科研机构(如中国社会科学院)、其他级别科研机构(如省级社会科学院)和其他类型单位共五大类(详见附录 2 第 1 部分第 5 题),为单选题。

如图 1-9 所示,来自"211"高校的受访者所占比例最高,为 40.58%,其次是来自非"211"高校的受访者,占 35.48%,来自国家级科研机构的受访者占 9.02%,来自其他级别科研机构的受访者占 6.86%,以上三类样本均超过 30 人,具有统计意义。512 位受访者中来自其他类型单位的共有 45 人,占 8.07%。可见受访者所在单位类型分布较为全面,有利于得出较为可信的统计结果。

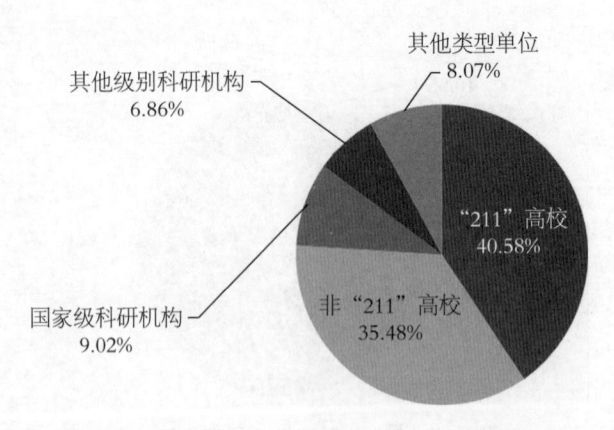

图 1-9 512位受访者所在单位类型分布

1.5.6 受访者的学术评价角色分布

在问卷中,受访者的学术评价角色分为 A 被评价者(即成果作者,表示有成果曾被评审)、B 评审者(曾作为评审专家评价他人成果)、C 评价组织者(具有参与组织评价活动的经历)、D 评价研究者(学术评价是其研究领域之一)共四大类(详见附录2第1部分第6题),为多选题。

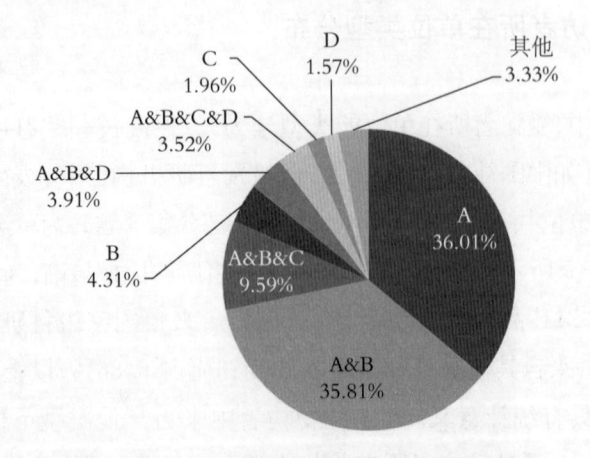

图 1-10 512位受访者的评价角色选择分布

如图 1-10 所示,只选择 A 被评价者的受访者所占比例最高,为 36.01%,其次是同时选择 A 被评价者和 B 评审者的受访者,占 35.81%,同时选择 A 被评价者、B 评审者和 C 评价组织者的受访者,占 9.59%,这三类样本均超过 30 人,具有统计意义。512 位受访者中选择其他评价角色的分别不超过 30 人,共占近 20%。这种评价角色分布状况,一方面呈现出角色之间交叉组合的规律,另一方面也客观反映了受访者的评价角色分布状况。

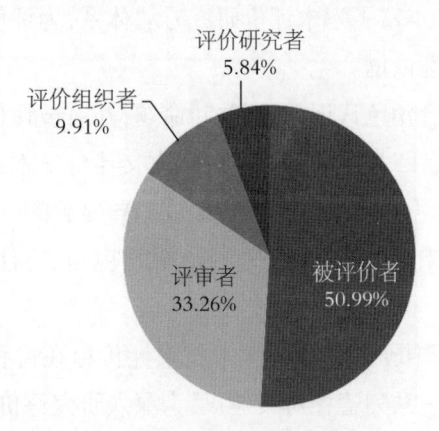

图 1-11 拆分后评价角色的分布状况

如图 1-11 所示,为了更清晰地展现评价角色的分布情况,将多选角色的情况进行了拆分,变成 904 个样本,512 份问卷选择评价角色时包含 A 被评价者、包含 B 评审者、包含 C 评价组织者和包含 D 评价研究者的受访者所占比例依次下降,但这四类受访者均超过 50 人,具有统计意义,有利于得出较为可信的统计结果。

1.6 创新之处与不足

1.6.1 创新之处

本研究的主要创新之处包括如下四点:

第一,通过理论构建与实证研究的对接,形成了以创新和质量为导向的中国人文社科学术成果评价管理控制机制的基本内容结构和推行策略,在评价理论方面有一定突破,进一步完善了学术评价的理论体系,为形成适应中国人文社科发展的学术成果评价体系奠定理论基础。

第二,运用问卷调查和统计分析等定量研究方法,对评价存在重要问题按严重程度进行排序和聚类,对管控措施按必要程度进行排序和聚类;尤其是运用 Ridit 方法进行聚类、运用方差分析判断认识差异,均属于方法应用上的新尝试,拓展和丰富了学术评价研究方法体系,为评价管控机制的推行提供了有价值的实证依据。

第三,提出"评价角色认识差异"的新命题,并对被评价者、评审者、评价组织者和评价研究者四类不同评价角色对人文社科学术成果评价的认识进行对比分析,得出评价角色之间认识相似或差异显著的一系列结论,为全面学术评价的理论研究和实践改进提供了新的视角、方法和创新性较强的结论。

第四,系统梳理中国人文社科学术成果评价存在待管控的问题和关键的管控措施并提出一系列管控对策建议,为深入研究评价机制的内在规律,以及完善和改进评价机制提供了新的参考依据和实证资料,对于指导人文社科成果评价和教育管理实践也具有重要的应用价值。

1.6.2 存在的不足

一项研究通常很难"完美",本研究的不足主要体现在如下三点:

第一,文献调查的全面性略有不足。因学术评价这一论题的概念外延较广,而搜集到的文献多数为专门针对成果评价机制的研究成果,不排除有些文献,尤其是英文文献也涉及了评价机制,但是未被检索到。问卷设计基于文献调查结果列出评价存在问题和管控措施,也无法确保问题和措施的全面性,只能确保覆盖了大部分学者较为关注的问题和措施。

第二,问卷对评价存在问题严重程度和管控措施必要程度的题目的设计较为烦琐,影响了少部分受访者对问卷的准确理解和有效填写。在问卷下发过程中一共收到了 8 位受访者的来信或来电,表示问卷设计烦琐,对其中有些问题存疑,其中 4 位受访者在获知解释后填答了问卷,其余 4 位放弃了填答。

第三,本研究得出的基本结论主要基于本研究构建的理论框架和实证研究结果,与其他视角研究的对比分析略显不足,个别问题有待深入探讨。比如研究发现,不同评价角色受访者对评价管控问题的认识有差异,但应如何在管控中进行充分协调和平衡,仍有待未来研究继续探索。

2 人文社科成果评价管控导向、问题和措施的文献调查

按照预期设想,本章首先通过文献调查,对创新和质量的评价导向的现有研究进行了综述,以便明确评价管控机制的构建目标;之后详细梳理了现有文献中阐述的当前中国人文社科学术成果评价存在的重要待管控问题和相应的管控措施,为了使所梳理的管控问题和措施尽可能全面,按照所设计的研究框架,梳理过程将围绕评价要素和管控维度进行。

2.1 评价创新和质量导向的文献调查

评价具有重要的导向意义,明确导向是构建评价管控机制的首要问题。为贯彻落实党的十七届六中全会和《教育部关于深入推进高等学校哲学社会科学繁荣发展的意见》的精神,2011 年下发的《教育部关于进一步改进高等学校哲学社会科学研究评价的意见》进一步细化阐述了人文社科成果评价的创新和质量导向,明确指出科学有效的学术评价必须以激发活力为根本,以提升质量为导向,以推进创新为重点。这一导向目标是围绕当前中国人文社科成果评价的实际提出的,因此具有鲜明的中国特色。

事实上,倡导学术创新与强调学术成果质量相辅相成,因为创新在本质上是一种质量价值;当数量价值被提升到决定性地位时,质量价值就注定会被忽视[1];只有在以质量为导向的评价中,才能有效倡导学术创新。本部分

---

[1] AMIDON D M. Knowledge innovation: the common language [J]. Jounal of technology studies, 1993, 19(2): 2-8.

将通过对已有研究的分析,明确以创新和质量为导向对评价管控机制构建的要求和启示。

2.1.1 人文社科成果评价的创新导向

江泽民在1995年全国科技大会上的讲话中指出:"创新是一个民族进步的灵魂,是国家兴旺发达的不竭动力。"根据资料,早在《南史·后妃传上·宋世祖殷淑仪》中就曾提到过,创新是创造新东西的意思,这一解释广泛适用于各类创新。熊彼特(Schumpeter)是国际上较早提出创新概念的学者,他于1912年在《经济发展理论》中从经济学角度提出,创新就是建立一种新的生产函数,在经济活动中引入新的思想、方法以实现生产要素新的组合。

学术创新是创新的重要内容之一。学术研究通过对命题真假的论证,追求认识世界、改变世界的普遍规律,对某一领域中专门的、系统的学问进行持续地更新。创新是学术研究的内在要求和发展动力。墨子在公元前490年提出的"述而且作"的精神代表了我国关于学术创新的早期观点。针对人文社会科学领域,我国的"十二五"规划纲要将哲学社会科学[①]创新提升到了国家发展战略的高度。1993年美国学者爱弥顿(Amidon)[②]在《知识创新:共同的语言》,把知识创新界定为新思想产生、深化、交流并应用到产品(服务)中,促使企业获得成功,国家经济活力增强,社会取得进步;这一观点指出了学术创新对经济社会发展的作用,在国际上得到广泛认可。

当代许多学者也对学术创新的内涵、外延、影响因素等问题进行了探讨。比如许红珍认为,学术创新是在前人研究的基础上,通过对新资料的发

[①] 本书认为"人文社会科学"和"哲学社会科学"两个概念内涵基本一致。
[②] AMIDON D M. Knowledge innovation: the common language [J]. Jounal of technology studies, 1993,19(2): 2-8.

掘、对新问题的探索、对已有理论的扬弃,产生新的学术观点、构建新的理论范式、推进学科理论发展和社会进步。① 詹先明论述了建设学术共同体以及学术规范和学术批评对学术创新的重要作用。② 唐松林等学者从波普尔批判理性主义出发,提出猜测和反驳是学术的基本方法,怀疑与批判是研究过程的本质,批判问题与容忍错误是推动学术创新的基本范式。③ 朱旭东④、叶志雄等学者⑤分别从不同角度指出学术创新能力由洞察想象能力、综合交叉能力、知识谱系能力、反思批判能力、学术自主能力、合作分享能力等构成。叶险明讨论了当前创新庸俗化加剧了学术泡沫和学术腐败,阻碍我国人文社会科学创新和繁荣发展的问题。⑥ 学界还普遍认为,学术创新在外延上包括新理论、新方法、新材料、新发现等方面。高自龙等学者认为,人文社科成果的创新不仅包括提出以上方面的新内容,还包括对已有研究的改进,并特别指出,综述性研究的新概括也属于创新。⑦

在倡导人文社科成果评价创新导向时,上述研究为构建评价管控机制带来如下启示:第一,学术创新是学术研究的本质属性和内在要求,任何人文社会科学研究都必须创新,否则学术就无法进步,因此学术创新程度应该作为评价人文社科成果的首要标准和核心指标,评价若是偏离这一点就应纳入管控的范畴。第二,学术成果是否具有创新性以及创新程度如何与研究过程密切相关,因此在评价人文社科成果时,不仅应关注成果本身,还应

---

① 许红珍.学术创新和学术评价机制创新的探索与思考[J].华东师范大学学报(哲学社会科学版),2009(3):66-71.
② 詹先明.学术共同体建设:学术规范、学术批评与学术创新[J].江苏高教,2009(3):13-16.
③ 唐松林,王静.波普尔批判理性主义视域中的学术创新[J].中国高教研究,2007(3):27-31.
④ 朱旭东.论大学教师学术创新力基础内涵[J].比较教育研究,2011(7):1-6.
⑤ 叶志雄,李娜.论大学教师学术创新力的基础——学术批判反思能力[J].比较教育研究,2011(7):26-30.
⑥ 叶险明.学术创新与"学术泡沫"[J].哲学研究,2002(8):24-26.
⑦ 高自龙,杨红艳.学术评价:理想与现实之间的优化选择[J].江汉论坛,2011(11):124-129.

关注学术研究的全过程,过程的规范性和科学性也应作为评价的重要内容,评价管控机制也应关注评价对学术研究过程带来的影响。第三,人文社科成果创新不仅是学术活动,也具有经济性和社会性,因此人文社科成果的经济效益和社会效益也应作为评价的重要尺度,成果的用户有权对成果进行评价,因此大众评价机制也应纳入评价管控的重要内容。第四,学术创新不是静态的、孤立的活动,一项成果往往既建立在已有研究基础之上,又为以后的研究奠定基础,不同成果通常在时间和空间上具有持续性和关联性,因此对于知识表述方式过于自由的人文社科成果来说,评价的重点和难点在于判断出成果有别于其他成果之处,因此创新的举证和复查应作为管控的重要内容。第五,怀疑和批判是学术创新的出发点,对于大量使用思辨方法的人文社会科学而言更是如此,这就要求评价体系能充分包容有争议的成果,营造出自由宽松的、鼓励学者创新的学术环境,评价管控机制应着重关注对成果创新度和完备度的调和评价。第六,学者既是学术创新的主体也是评价主体,在构建评价管控机制时,应通过成果和评价的"共生相长"提升学者的创新能力、充分发挥学术共同体的评价作用。

2.1.2 人文社科成果评价的质量导向

根据当前评价中过分重视数量评价的状况,《教育部关于进一步改进高等学校哲学社会科学研究评价的意见》指出,要确立"质量第一的评价导向",强化质量意识,严格遵循质量评价标准,推行代表作制度,正确使用文献计量数据。

探讨质量的基本内涵,是推进评价质量导向的逻辑起点。《ISO9000:2000 质量管理体系基本原理和术语》指出质量是"一组固有特性满足要求的程度",这一定义通常能用于解释各个领域的质量概念。《辞海》[①]对质量的解释是:"① 产品或工作的优劣程度。② 量度物体惯性大小的物理量。"

---

① 辞书编辑委员会. 辞海[M]. 缩印本. 上海:上海辞书出版社,1980:270.

这一概念区分了产品和工作的质量与物理学质量的差异,显然本书所讨论的是前者。质量管理专家对质量的定义[①]可以概括为两个层面:第一层面是指生产的产品或服务可测量的特点符合一组固定的规格,这些规格通常以数字来界定,独立于任何可测量的特点;第二层面是指有关产品和服务满足客户的使用预期或消费预期。

围绕质量形成的质量管理理论,广泛应用于许多领域的质量管理和控制活动中,尤其是生产和服务领域。一般认为,现代质量管理理论经历了以三个主流理论为代表的发展阶段,即质量检验理论、统计质量控制理论和至今仍处于主流地位的全面质量管理理论,体现出质量概念从符合要求向追求卓越发展的过程[②]。

由上可见,尽管人们对质量的具体解释存在差异,但对质量内涵的理解大体一致。当遵循质量导向构建人文社科成果评价管控机制时,以上的阐述带给我们如下启示:第一,质量是实体的固有属性,任何人文社科成果都具有质量;同时质量属性又具有满足不同主体需求的相对性,因此在评价人文社科成果质量时,必须考虑成果的用户,如同行学者、社会群体等,因此评价管控机制也应关注是否将用户纳入评审主体范畴。第二,只要遵循科学的方法,质量是可以进行有效测量的;在测量人文社科成果质量时,不仅可测量成果是否满足或符合某种要求,也可以测量出成果的相对质量,即满足需要的优劣程度;相对质量的测量对于推动评价的质量导向,引导学者追求卓越、攀登学术高峰更为重要;因此评价管控机制应对评价的测量精度予以充分重视。第三,质量是一组特性,而不是单一的特性,因此在评价人文社科成果质量时,所遵循的评价标准和指标应是一个彼此关联的综合体系,按照单一标准或指标进行评价往往不能全面反映成果质量,标准和指标之间关系混乱也不利于恰当有效地反映出成果

---

① 霍耶 R W,霍耶 B Y. 何谓质量——世界八位著名质量专家给质量定义[J]. 颜福祥,译. 中国质量技术监督,2002(1):54-56.
② 章帆,韩福荣. 质量生态学研究 2——质量概念与质量管理理论的演化[J]. 世界标准化与质量管理,2005(4):27-31.

质量,因此评价指标体系的综合性和完善程度也应是管控的重要对象。第四,人文社科成果通常经历生产和应用过程,在对成果进行评价时,有必要对成果的生产、评估、推广实施全过程进行管理和控制,追求学术成果的效益最大化;这一点与创新导向不谋而合,相应地,评价管控机制也应形成全程管控理念。

2.2 评价管控问题和管控措施的文献调查

在创新和质量导向的总目标下,本节根据研究评价存在重要问题和管控措施的需要,借鉴现有研究对人文社科成果的评价要素做出了微调和新的归纳解释,形成了图2-1所示的评价要素结构:在特定的学术环境中,人文社科成果的评价主体按照评价的标准和指标,利用一定的方法工具,遵循相应的评价程序,对评价对象进行评价,其中标准指标居于核心地位,评价程序和方法工具居于辅助地位;评价理念目标对评价活动起到指导作用,管理政策是评价活动顺利开展的保障。下面将对各评价要素的含义、相互关系,以及现有研究中提出的评价存在重要问题及相应管控措施进行阐述。由于学术环境和管理政策两要素在涉及评价机制的问题时较为相似,因此在梳理时合并为一个要素。

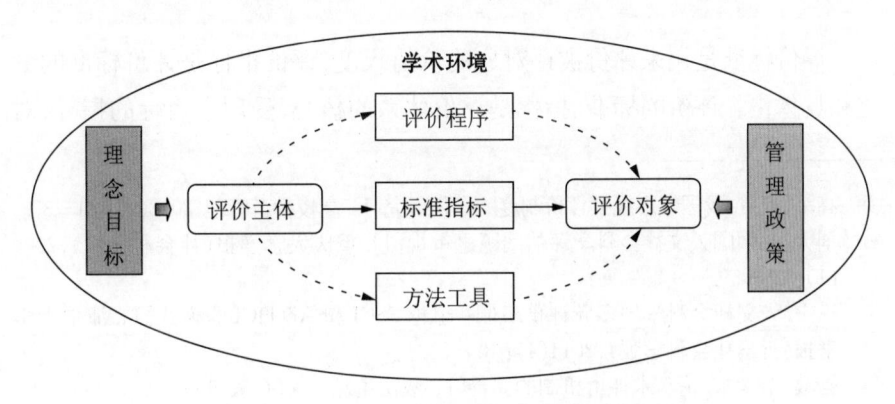

图2-1 人文社科学术成果评价要素关系简图

2.2.1　评价理念与目标

评价理念是指评价活动所遵循的基本思想、原则和要求,评价目标是指某项评价活动要实现的具体目标,通常是评价理念的具体化。在评价体系中,理念、目标发挥提纲挈领的作用,理念、目标若不明确、不正确甚至缺失,将直接影响评价活动的开展。在评价的理念和目标中体现创新和质量导向,是构建评价机制的出发点和前提条件。

事实上,各类评价目标异化问题广泛存在于中国人文社科成果评价实践中[1]。比如,把最初用于解决图书馆利用有限资源选购重点优秀期刊问题的"核心期刊"作为评价论文质量的核心尺度时,评价的理念和目标就发生了异化,致使评价结果违背初衷。学术性与非学术性的矛盾,本土化与国际化等矛盾[2]也需要通过进一步明晰人文社科成果的评价理念与目标来进行调和。围绕上述问题,以下管控措施是人文社科领域较为倡导的:强化基于多种评价目的、主体和方法的多元评价机制[3],针对长期基础研究需求建立单独的评价机制[4],加大对学术评价创新和质量导向的管理力度并营造相应学术环境[5]。

2.2.2　评价标准与指标

评价标准是用来评价被评对象的价值尺度,评价指标是评价标准的细化和具体化。评价的标准、指标是评价体系的核心,受理念目标的指导,对

---

[1] 高军,迟爽. 我国学术成果评价制度的异化研究[J]. 高校教育管理,2008(2):31-37.
[2] 刘大椿. 中国人文社会科学评估问题之审视[J]. 重庆大学学报(社会科学版),2009(1):54-59.
[3] 王宁. 人文社会科学的多元评价机制:超越 SSCI 和 A&HCI 的模式[J]. 清华大学学报(哲学社会科学版),2014(4):82-85.
[4] 杨敏,李学永. 论学术评价机制的完善[J]. 政法论丛,2009(5):90-96.
[5] 范明,张帆. 以质量和创新为导向的学术评价体系研究[J]. 国家教育行政学院学报,2013(10):10-14.

评价结果的正确性起到关键作用。一般认为,人文社科成果的评价标准包括真理标准、价值标准、政治标准、可读性标准等。

在当前中国人文社科成果的同行评议中,通常将学术创新、学术价值、社会价值、难易程度、论证完备等作为评估指标①,但在许多评价体系中都存在指标相互关系不清、权重分配不合理、指标体系僵化以致无法体现人文社会科学多样性等问题;在基层科研评审中,也常将是否发表在核心期刊、是否被知名杂志转载、是否受到各级别项目资助、是否获奖、发文数量及规模等作为评价指标,显然这些指标存在过分重视数量和外部特征,以致评价结果不正确之嫌。这些问题不利于学术成果的创新性和成果质量的有效评价,亟须完善评价机制予以纠正。学者们提出的重要相关管控措施包括:建立并推行人文社科成果查新机制②,加大主观定性评价指标比重、降低量化指标比重,培训并监督科研管理部门合理应用文献计量指标和外在量化指标等③。

2.2.3 评价程序

评价程序是指评价的流程、环节和相关规则,是确保评价理念与目标得以正确实现,以及评价标准与指标得到正确实施的重要保障。

当前中国人文社科成果评价中存在过程简单化、形式化④,受到非学术性因素影响,评价公开不到位等问题,致使评价结果的不确定性增加,评价的科学性和评价结果公信力受到质疑。评价程序的不规范、不细化,也是造

---

① 高自龙,杨红艳.学术评价:理想与现实之间的优化选择[J].江汉论坛,2011(11):124-129.
② 张群,张逸新,吴信岚.高校社科查新体系构建探讨[J].图书情报工作,2009(22):120-123.
③ 刘智群,李颖,安凤妹.科学计量指标在科研人员评价中应用[J].科技管理研究,2011(14):72-75.
④ 叶继元.建立和完善以质量和创新为导向的哲学社会科学评价体系[EB/OL].(2012-02-20)[2014-07-20]. http://gjs.ujs.edu.cn/show_news.asp?Fk_Down_Id=422.

成评价理念与目标无法实现、标准与指标无法有效实施的主要原因;尤其是在不同时间或条件下实施相同的评价体系时,由于评价程序及其执行细则不明确,极易产生评价信度较低的评价结果①。这种状况使对评价程序的管控机制进行深入研究成为迫切需要。学者们提出的管控评价程序的机制主要包括:加强评价过程的公开性和透明性及其监督机制②、建立并完善学术评价结果反馈机制③、专家匿名评审制度及其监督机制④、利益相关者回避机制和监督机制、评价申诉及其监督机制⑤。

2.2.4 评价主体

评价主体是指评价的实施者,包括评价活动的组织者和对成果进行直接评价的评委两类。评价主体是评价标准指标的制定者和操作者,对评价结果具有重要影响。

目前学界普遍认为,学术共同体应作为学术成果评价的核心主体⑥,但事实并非如此,评价活动仍受到行政部门的干预和许多其他因素的不良影响;由于缺乏对评价主体资质和适用性的判断,"外行评内行"的情况时有发生;由于人情关系、利益关系和责任感不足等问题,评价角色的失范问题也较为严重⑦。虽然

---

① 张维全.科研成果综合评价的定量分析与程序设计[J].工业技术经济,1997(5):94-96.
② 李立国.以学术同行评价与监督为基础建立教师声誉制度[J].中国高等教育,2005(11):14-16.
③ 张宏云,时勘,杨继锋.360°反馈评价模式——一种新型的管理评价方法[J].中国人力资源开发,2000(12):38-40.
④ 徐枫.呼唤专家匿名审稿制——建立综合性学术期刊评价体系应重视的一个问题[J].中国出版,2001(9):44-45.
⑤ 杨红艳.学术评价如何推动成果创新——对人文社科学术评价机制的探讨[J].澳门理工学报(人文社会科学版),2014(4):95-104.
⑥ 詹先明.学术共同体建设:学术规范、学术批评与学术创新[J].江苏高教,2009(3):13-16.
⑦ 任全娥.人文社会科学研究成果评价主体研究[J].社会科学管理与评论,2009(2):43-49.

许多人认为评价人文社科成果的社会价值时,最终用户也应作为评价主体,但实际上用户参与评价的案例非常少[①]。现有研究已总结了一些可以管控评价主体不当评价行为的管控措施和机制。比如,建立并完善评审过程中参评专家信息保密机制,完善并有效推进评审专家随机遴选机制[②],建立并完善评价组织者监督和管理机制[③],通过软件、工具辅助控制同行专家的主观随意性[④],强化评审复议机制,实行评价举证机制,完善评价结果的争议协调机制[⑤]等。

2.2.5 评价对象

评价对象即评价客体,包括人文社科研究形成的论文、专著、研究咨询报告、教材、工具书、资料、翻译、科普、创作作品或工艺品评价等成果。成果评价是开展人文社科学者、机构、期刊等评价的重要基础。可按成果形式、成果内容、所属学科、研究性质等不同标准对人文社科成果进行分类评价。如何进行分类评价,将影响评价主体的选择、评价标准指标和评价程序的确定等问题。

科学的分类评价是确保"同类比较"的重要前提。《教育部关于进一步改进高等学校哲学社会科学研究评价的意见》也指出了对人文社科成果进行科学分类评价的重要性。由于人文社会科学学科范式复杂,分类评价显得更为重要。但当前中国人文社科成果的分类评价对人文社会科学特征的

---

① 刘东南,徐元俊.社会科学评价主体及其动机的问题与对策研究[J].科技管理研究,2013(14):230-235.
② 齐丽丽,司晓悦.对我国同行评议专家遴选制度的建议[J].科技成果纵横,2008(5):26-28.
③ 曾奕棠,谭春辉.人文社会科学研究评价监督论纲[J].重庆大学学报(社会科学版),2014(5):76-81.
④ 高自龙,杨红艳.学术评价:理想与现实之间的优化选择[J].江汉论坛,2011(11):124-129.
⑤ 吴雪.专业评估:内部学者治学和外部同行评议的协调[J].复旦教育论坛,2008(1):48-52.

体现还不充分,以致一些评价标准、指标和程序对所评成果不适用。围绕评价对象产生的一系列机制问题,评价研究领域提出了细化分类评价、强化同类比较机制①、完善并推行作者匿名评审制度②、推进成果形式规范的标准化、降低形式评价需求等管控措施③。

2.2.6 评价方法与工具

目前文献计量和同行评议仍是评价人文社会科学成果的两种基本方法。前者着重对成果的形式评价,后者着重对成果的内容评价,但两者都在一定程度上体现出对成果的效用评价。针对每种方法还有更为细化的辅助方法,如德尔菲法可用于更好地搜集同行评议专家的意见,层次分析法有助于更科学地确定评价指标的权重分配,H 指数则有利于更便捷地利用文献计量法评价学者和科研机构④。评价工具包括同行评议评分表、网络评估软件等,常用于提高评价的效率和准确性。

基于文献计量方法的"以刊评文"方法具有较强的间接性,同行评议方法则具有较强的主观性,但由于难以找到有效的替代方法,致使当前中国许多人文社科学者为了发表成果削足适履,阻碍了正常的学术创新和成果质量提升。同时,虽然信息网络技术已为学术评价提供了诸多便利,但智能型人文社科成果评价软件工具仍属缺位⑤。改进评价机制时,有必要通过管

---

① 章兢,孙宗禹,陈厚丰.分类评价在研究型大学建设中的必要性及制度设计[J].大学教育科学,2005(3):26-29.
② 林士平.同行专家的双向匿名审稿制度辨析[J].重庆理工大学报(自然科学),2005(9):164-167.
③ 陈通明,杨杰民.学术规范的基本内容及其他——关于学术界讨论学术规范和学术道德问题的述评[J].宁夏大学学报(人文社会科学版),2002(6):22-27.
④ 赵基明,邱均平,黄凯,等.一种新的科学计量指标——h 指数及其应用述评[J].中国科学基金,2008(1):23-32.
⑤ 高自龙,杨红艳.学术评价:理想与现实之间的优化选择[J].江汉论坛,2011(11):124-129.

控尽量规避现有方法工具的不足、促进评价的方法工具实现突破性创新。受到学界较多推崇的管控措施包括：通过培训或吸纳评价专家加强评价组织者建设，加强基于"代表作"的同行评议制度①，建立开放的成果同行评议大数据平台和开展评价数据资源建设②。

2.2.7 评价管理政策和学术环境

评价管理政策是有关管理部门制定的确保评价活动得以顺利进行、要求有关人员共同遵守的规程，是评价体系制度化的表现。其内容涉及评价的理念、标准、方法，评审相关方的责权利，评审专家遴选，评价监督，评价结果应用，评审的公开、反馈和申诉等内容。有些管理政策具有强制性，有些则仅具有指导或建议性；有些管理政策在人文社科领域广泛适用，有些则仅适用于部门内部；有些管理政策覆盖评价要素的方方面面，有些则仅适用于部分评价要素；有些管理政策是针对人文社科评价活动专门制定的，有些则仅起到间接作用。良好的管理政策有利于确保评价活动的正确导向、高效率和有效性，营造出良好的学术环境。评价的学术环境是指人文社会科学领域普遍认同的学术精神、学术规范和学术行为等。不同国家、学科、时代的学术环境存在一定差异。

当前中国人文社科成果评价的管理政策是比较零散的，制度化和体系化还很不够，科学性和可操作性也有待提升，管理政策的缺失、混乱、不合理、过于利益化等是导致评价活动不尽如人意的重要原因之一；与之关系密切的人文社科学术环境存在明显的急功近利、研究范式僵化、学术规范缺失等问题，甚至也出现了一定数量的学术不端和腐败现象；在评价学术成果

---

① 陈云良，罗蓉蓉."学术代表作"制度的实施条件和程序安排[J].现代大学教育，2014(1)：95-105.
② 杨红艳.学术评价如何推动成果创新——对人文社科学术评价机制的探讨[J].澳门理工学报(人文社会科学版)，2014(4)：95-104.

时,学者之间互相利用、不当竞争、走形式、拉人情关系等情况也偶有出现[1]。这样的状况影响了正常的学术研究和评价活动,也影响了学者之间的分工协作、相互交流和信任,对人文社会科学的创新和发展十分不利。在改进评价机制时应重点利用管理政策和学术环境理顺评价体系各要素之间的关系,营造更能促进学术创新和质量提升的学术环境。围绕管理政策与学术环境的管控问题,学者们主张构建并推进有效的成果社会大众评价机制[2],调节评价管理政策的学术性与利益化之间的矛盾[3],加强学术评价管理政策的制定和完善工作[4],强化弹性的学术成果评价机制[5],等等。

2.3 本章小结

中国人文社科成果评价体系中的各要素,均存在一系列阻碍学术创新和学术质量提升的问题,亟待予以管控。根据本章论述,汇总形成中国人文社科学术成果评价存在重要待管控问题共 33 个、相应管控措施共 42 项。这些管控问题和措施并不是孤立的,相互之间存在着有机联系。在梳理过程中,本书将其归纳为与评价信度、评价效度、评价调和度相互关联的三大类问题和措施。问题与措施的编号、归类结果及详细内容详见本书附录1,本章的梳理结果将作为问卷设计和进一步分析的依据。

---

[1] 杨力. 高校社科管理与高校社科成果评价[J]. 科技管理研究, 2007(3): 183-184.
[2] 文庭孝. 科学研究活动的社会评价机制及其演变研究[J]. 重庆大学学报(社会科学版), 2007(5): 77-82.
[3] 彭云望. 学术评价泛行政化问题之分析[J]. 理论界, 2010(1): 167-168.
[4] 严明清. 地方社科院成果评价体系及科研管理创新与思考[J]. 社会科学管理与评论, 2009(4): 74-79.
[5] 倪润安. 论人文社会科学研究弹性评价机制的构建[J]. 北京行政学院学报, 2008(1): 84-87.

3 人文社科成果评价待管控重要问题分析

本章着重回答以下问题：哪些因素是以创新和质量为导向的中国人文社科学术成果评价管控机制应控并可控的关键变量？换句话说，当前中国人文社科学术成果评价存在的哪些问题迫切需要予以管控？这些问题之间存在哪些关系？哪些问题更严重，更加需要进行重点管控？哪些问题在众多问题中更具有典型性？根据第 2 章的文献调查结果，通过问卷调查方式明确了当前中国人文社科学术成果评价中存在的重要问题及其严重程度，详见附录 2 中问卷的第 8、11、14、17 题，以及第 10、13、16、19 题，共 8 个题目。本章拟通过对这些题目作答数据的分析回答上述问题，主要分析方法包括问题严重程度的均值分析、问题严重程度的 Ridit 分析(聚类)、问题严重程度的主成分分析(典型问题分析)、最严重问题的得票次数分析。

3.1 问题严重程度得分均值分析

问卷中第 8、11、14、17 题分别面向被评价者、评审者、评价组织者和评价研究者四个评价角色，有效样本数量依次为 461、301、89 和 53 份。第 8、11、14、17 题四个题目所列的序号 1~33 的问题中，序号相同表示所阐述问题相同，只是面向不同评价角色的提问方式不同。

其中第 33 号问题调查的是受访者对当前中国人文社科学术成果评价的总体满意度。根据作答情况可知，受访者对当前评价机制的总体满意度不高，第 8、11、14、17 题的得分均值为 2.67，表示受访者对"评价机制不满意"这一观点处于"基本认同"和"比较认同"之间。

某序号问题的得分均值计算方法为第 8、11、14、17 题中同一序号所有问题的得分之和除以第 8、11、14、17 题中同一序号所有问题的有效样本数量之和。

3.1.1 总体分析

依据对序号相同的四个题目的得分均值,对除第 33 个问题以外的 32 个问题的严重程度进行了排序,结果如图 3-1 所示。得分均值越高表示问题越严重,越低表示越不严重,若得分均值低于 0 则表示受访者总体上认为该问题不存在。得分均值计算采用上文所述方法。

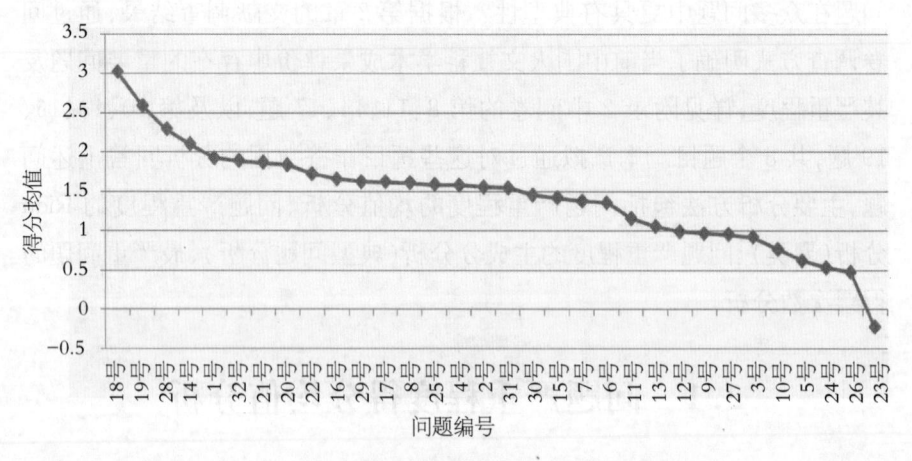

图 3-1 问题严重程度总体得分均值排序

图 3-1 显示,得分最高的 18 号问题的得分超过 3 分,得分最低的 23 号问题得分低于 0 分,最高分和最低分之间相差 3.24 分。这一方面说明,受访者对除 23 号问题以外的 31 个问题总体持认同态度,即表示这些问题确实体现了当前中国人文社科学术成果评价存在的严重不足;另一方面也说明,受访者对问卷中所梳理出的 32 个评价存在重要问题严重程度的认识颇有差异。

3 人文社科成果评价待管控重要问题分析

表 3-1 问题严重程度总体得分均值从高到低排序

问题编号	问题描述	得分均值	名次
18	当前的学术评价管理政策过于利益化	3.02	1
19	当前的学术评价管理政策缺失严重	2.59	2
28	许多评价活动的过程透明度和公开性较差	2.29	3
14	期刊级别常常作为评价论文的主要尺度	2.10	4
1	学术成果的公正评价常受到人为因素的影响和干扰	1.93	5
32	许多评价活动申诉机制不到位	1.89	6
21	当前许多评价活动的理念目标不明确、不正确或不合理	1.87	7
20	"评价指挥棒"明显导致了学术研究的僵化	1.84	8
22	当前评价过于重视短期绩效,致使学术急功近利	1.73	9
16	过于注重成果字数、基金、获奖、被批示等外在指标	1.66	10
29	各类评价的详细结果极少反馈给被评价者	1.63	11
17	评估指标的逻辑关系或权重分配不合理时有发生	1.62	12
8	许多评价标准和指标分类过粗,对某些成果不适用	1.61	13
25	当前的评价活动很少使用网络评估软件	1.59	14
4	很难准确评价跨学科成果的创新性和质量	1.58	15
2	一些评价活动组织部门不专业,缺少理论和方法支撑	1.56	16
31	利益相关者回避机制不到位影响了诸多评价的公正性	1.55	17
30	匿名评审机制不到位影响了许多评价的公正性	1.46	18
15	过于重视论文是否发表在国际期刊	1.42	19
7	同行专家在评审时的主观随意性较难控制	1.38	20
6	不同评审者对创新性强的成果容易产生较大争议	1.36	21

(续表)

问题编号	问题描述	得分均值	名次
11	很难准确判断成果的创新性和创新程度	1.16	22
13	许多评价规则过于模糊,操作性差	1.06	23
12	当前评价过于注重成果数量、看轻成果质量	0.99	24
9	成果常因作者的"名气"而获得过高或过低的评价	0.97	25
27	您常感到研究所用的评价数据不完整、不准确或不易用	0.95	26
3	常常出现"外行评内行"的情况	0.92	27
10	许多评价过于重视对成果形式评价,而非内容质量评价	0.77	28
5	评价活动常受到行政管理部门的不当或过多干预	0.62	29
24	当前评价体系对质量评价的导向体现不足	0.53	30
26	当前的评价过于依赖文献计量数据,而非同行评议结果	0.48	31
23	当前评价体系对创新导向的体现不足	−0.22	32

如表3-1所示,从得分平均值来看,受访者认为最严重的3个问题依次为问卷中第8、11、14、17题中编号为18、19和28的问题。这3个问题的得分均值依次为3.02、2.59和2.29,表示受访者总体上认为以下3个问题在32个问题中相对更为严重:"当前的人文社科学术评价管理政策过于利益化""当前的学术评价管理政策缺失严重""许多评价活动的过程透明度和公开性较差"。

表3-1还显示,受访者认为最不严重的前3个问题依次为问卷中第8、11、14、17题中编号为24、26和23的问题。这3个问题的得分均值依次为0.53、0.48和−0.22。这说明受访者虽然总体上认同"当前评价体系对质量评价的导向体现不足""当前的评价过于依赖文献计量数据,而非同行评

议结果"这两点,但认同程度不超过"略有认同",低于其他 29 个问题,也就是说 24 号和 26 号问题相对较不严重;23 号问题的得分均值为负数,说明受访者总体上对该问题持"略有反对"的态度,不认同"当前评价体系对创新导向的体现不足"这条观点。虽然有研究认为这 3 个问题"较严重"[1][2],但问卷调查得出的统计结论却与文献调查得出的结论相左。

在资源有限的情况下,对中国人文社会科学学术评价存在问题的管控,应重点关注那些"相对更严重"的问题,暂缓解决那些"不太严重"的问题。

3.1.2 评价要素分析

问卷中的第 8、11、14、17 题中的前 32 个问题是按照评价要素进行梳理的,依次与评价主体、评价对象、评价标准与指标、评价管理政策与学术环境、评价目标与理念、评价方法与工具或评价程序有关。具体对应关系详见本书附录 1。

某要素问题得分均值等于第 8、11、14、17 题中与该要素相关的所有问题的得分之和除以第 8、11、14、17 题中与该要素相关的所有问题的有效样本数量之和。

围绕不同评价要素问题的得分均值和该要素中最严重的问题进行统计,结果如表 3-2 所示。

表 3-2 显示,在各评价要素中,"评价管理政策与学术环境"相关的问题得分均值最高,为 2.46 分,明显高于其他评价要素的得分;此外,排在图 3-1 所示的前 3 个最严重问题,均与"评价管理政策与学术环境"有关。这说明与其他要素相比,中国人文社科学术成果评价存在的问题中,"评价管

---

[1] 范明,张帆.以质量和创新为导向的学术评价体系研究[J].国家教育行政学院学报,2013(10):10-14.
[2] 叶继元.建立和完善以质量和创新为导向的哲学社会科学评价体系[EB/OL].(2012-02-20)[2014-07-20]. http://gjs.ujs.edu.cn/show_news.asp?Fk_Down_Id=422.

理政策与学术环境"方面的问题最为严重,在对这些问题进行管控时,应予以重点关注。

表3-2 不同评价要素最严重的问题得分均值

评价要素	该要素问题得分均值	该要素最严重的问题		
		问题编号	问题描述	得分均值
评价管理政策与学术环境	2.46	18	当前的学术评价管理政策过于利益化	3.02
评价程序	1.57	28	评价过程透明度和公开性较差	2.29
评价主体	1.39	1	评价受人情关系影响或干扰	1.93
评价标准与指标	1.30	14	期刊级别常常作为评价论文的主要尺度	2.10
评价目标与理念	1.23	22	当前评价过于重视短期绩效,致使学术急功近利	1.73
评价对象	1.18	8	许多评价标准和指标分类过粗,对某些成果不适用	1.61
评价方法与工具	0.98	25	很少使用网络评估软件	1.59

"评价程序""评价主体""评价标准与指标""评价目标与理念""评价对象"5个要素的问题得分均值均处于1.18～1.57之间,受访者对这些要素存在问题严重程度的认识差异不大。"评价方法与工具"这一要素的问题得分均值为0.98分,明显低于其他6个要素。这说明与其他要素相比,中国人文社科学术成果评价存在的问题中,"评价方法与工具"方面的问题相对不算严重。

表3-2还显示了各要素中得分均值最高(即最严重)的问题:与"评价管理政策与学术环境"要素相关的最严重的是18号问题"当前的学术评价管理政策过于利益化";与"评价程序"要素相关的最严重的是28号问题"评价过程透明度和公开性较差";与"评价主体"相要素相关的最严重的是1号问题"评价受人情关系影响或干扰";与"评价标准与指标"要素相关的最严

重的是 14 号问题"期刊级别常常作为评价论文的主要尺度";与"评价目标与理念"要素相关的最严重的是 22 号问题"当前评价过于重视短期绩效,致使学术急功近利";与"评价对象"要素相关的最严重的是 8 号问题"评价标准和指标分类过粗,对某些成果不适用";与"评价方法与工具"要素相关的最严重的是 25 号问题"很少使用网络评估软件"。

3.1.3 评价角色分析

将受访者对学术评价问题严重程度的得分均值,按被评价者(第 8 题)、评审者(第 11 题)、评价组织者(第 14 题)、评价研究者(第 17 题)四种评价角色分类进行排序(题目见附录 2),结果如图 3-2 所示。得分均值越高表示问题越严重,越低表示越不严重,若得分均值低于 0 则表示受访者总体上认为该问题不存在。

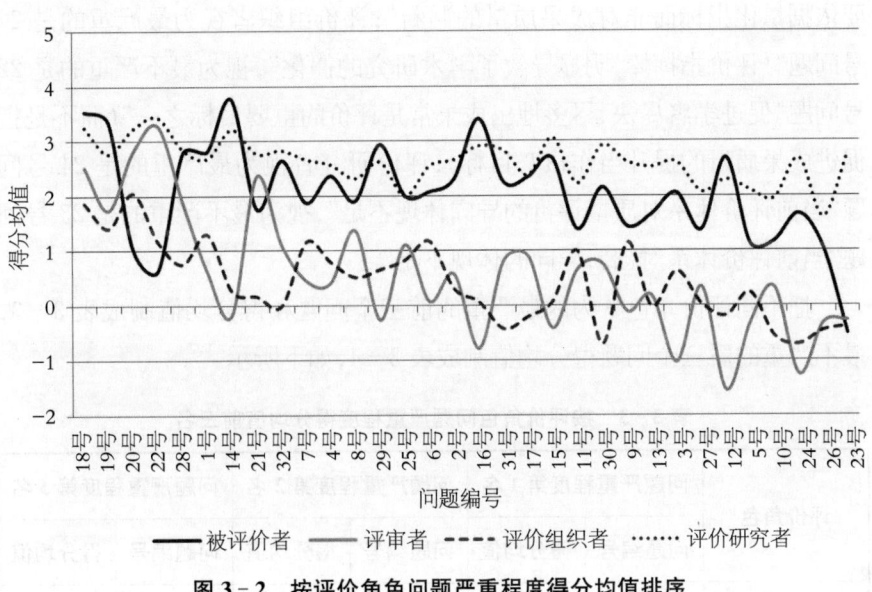

图 3-2 按评价角色问题严重程度得分均值排序

某角色对某序号问题的得分均值等于对应题目中该序号所有问题的得分之和除以对应题目中该序号所有问题的有效样本数量之和。

例如：被评价者对某序号问题的得分均值等于第8题中该序号所有问题的总得分除以第8题中该序号所有问题的有效样本数量之和。

如图3-2所示，四种评价角色对中国人文社科学术成果评价存在问题的认识存在差异。

首先，严重程度得分的波动区间不同，评审者和被评价者对32个问题严重程度的得分均值波动区间较大，最大值和最小值的差距分别为4.81和4.27；评价组织者和评价研究者的得分均值波动区间相对较小，最大值和最小值的差距分别为2.76和1.81。

其次，不同评价角色对严重程度最高和最低问题的认识存在差异：被评价者视为最严重的是14号问题"所在单位将期刊级别作为评价论文的主要尺度"，视为最不严重的是23号问题"为获得更好评价不倾向于开展创新性较强的研究"；评审者视为最严重的是22号问题"当前评价过于重视短期绩效，明显影响了长期基础研究"，视为最不严重的是12号问题"评审时主要依据量化指标而非对成果质量的判断"；评价组织者视为最严重的是20号问题"'评价指挥棒'明显导致了学术研究的僵化"，视为最不严重的是22号问题"促进学者尽快、尽多地出成果常是评价的重要目标之一"（而不是把促进成果质量的提升当作核心目标）；评价研究者视为最严重的是24号问题"当前评价体系对质量评价的导向体现不足"，视为最不严重的是23号问题"当前评价体系对创新导向的体现不足"。

把不同评价角色认为的最严重的前三个问题和得分均值制成表3-3，最不严重的后三个问题得分均值制成表3-4，如下所示。

表3-3 按评价角色问题严重程度得分均值前三名

评价角色	问题严重程度第1名		问题严重程度第2名		问题严重程度第3名	
	问题编号	得分均值	问题编号	得分均值	问题编号	得分均值
被评价者	14	3.77	18	3.54	16	3.41
评审者	22	3.27	20	2.81	18	2.52

(续表)

评价角色	问题严重程度第 1 名		问题严重程度第 2 名		问题严重程度第 3 名	
	问题编号	得分均值	问题编号	得分均值	问题编号	得分均值
评价组织者	20	2.06	33	1.99	18	1.88
评价研究者	22	3.43	33	3.32	18	3.25

由表3-3可以看出,被四类受访者一致认为是最严重的问题有一个,即18号问题"当前的学术评价管理政策过于利益化";被两类受访者认为是最严重的问题有3个,即20号问题"'评价指挥棒'明显导致了学术研究的僵化"(评审者和评价组织者视为最严重)、22号问题"当前评价过于重视短期绩效"(评审者和评价研究者视为最严重)、33号问题"当前的人文社科成果评价机制不能令人满意"(评价组织者和评价研究者视为最严重);被一类受访者认为是最严重问题的有两个,14号问题"您单位常将期刊级别作为评价论文的主要尺度"和16号问题"您单位评审常依据字数、基金、获奖或被批示情况"(评价者视为最严重)。

表3-4 按评价角色问题严重程度得分均值后三名(最不严重)

评价角色	问题严重程度第 32 名		问题严重程度第 31 名		问题严重程度第 30 名	
	问题编号	得分均值	问题编号	得分均值	问题编号	得分均值
被评价者	23	−0.50	22	0.65	20	1.01
评审者	12	−1.54	24	−1.25	3	−1.03
评价组织者	24	−0.70	30	−0.70	14	−0.55
评价研究者	26	1.62	17	1.96	25	2.00

从表3-4可以看出,对于人文社科学术评价中最不严重的问题,各类受访者之间存在较大的分歧,仅有一个问题被两类受访者(评价组织者和评

审者)共同视为最不严重前三名的问题之一,即 24 号问题"当前评价体系对质量评价的导向体现不足(若代表作质量突出但成果总量少,您不会评价较高)"。

此外,不同评价角色受访者认为的最不严重的三个问题均有差异。被评价者视为问题最不严重的三个问题依次为 23 号问题"为获得更好评价,您通常不倾向于开展创新性较强的研究"、22 号问题"为符合评价要求,您尽可能进行周期短、见效快的研究"和 20 号问题"为获得更高评价,您常刻意按照评价要求开展研究"。除了 24 号问题以外,被评审者视为最不严重的另外两个问题依次为 12 号问题"您评审时主要依据量化指标而非成果质量的判断"和 3 号问题"您在评审成果时常感觉到自己是'外行'"。除了 24 号问题以外,被评价组织者视为最不严重的另外两个问题依次为 30 号问题"您组织评价时常不采用或仅名义采用专家匿名制度"和 14 号问题"您常将期刊级别作为评价论文的主要指标"。被评价研究者视为最不严重的三个问题依次为 26 号问题"当前评价过于依赖文献计量数据,而非同行评议结果"、17 号问题"评估指标的逻辑关系或权重分配不合理常常发生"和 25 号问题"当前的评价活动很少使用网络评估软件"。

3.2 问题严重程度的聚类分析(Ridit)

根据第 3.1 节的分析可知,本次调查所涉及的 32 个评价存在重要问题的严重程度得分均值是不一致的。那么是否可以将这些问题按严重程度大体分为几组呢？显然,分组结果将比均值分析结果具有更强的可读性和可操作性,有利于为评价研究和实践提供更便利的参考。

为了对问题进行分类,我们将采用 Ridit 分析方法。

Ridit 是"relative to an identified distribution unit"的缩写,其意为"与特定分布相对的单位"。Ridit 分析是一种非参数检验方法,用于按等级分组资料的比较,常用于医学研究中对比新旧疗法的差异。

Ridit 分析的步骤是:

(1) 选观察人数较多、数据比较稳定的组作为标准组,计算各等级所相应的 Ridit 值。

(2) 计算标准组的平均 Ridit 值、标准组的 Ridit 值。

(3) 计算标准误 SRi,求标准组以外各组 Ri 的 95% 可信限。

(4) 判断结论。以各组的 95% 可信限与标准组 R=0.5 比较,如可信限不包括 0.5 在内则认为差别有明显性,否则为无明显性。医学研究中以痊愈、显效、好转和无效的临床资料及以"-""+""++""+++"等级分组的资料,可用 Ridit 分析。血清滴度等数据不明确的计量资料,也可以换成分组等级资料用 Ridit 分析。

虽然该方法传统上并不用于聚类分析,但是由于该方法与本书的分析需求在如下两方面吻合:问卷中第 8、11、14、17 题分别面向被评价者、评审者、评价组织者和评价研究者四个评价角色调查评价存在重要问题的严重程度,受访者填写的是"程度选项",而非"程度数值"(见附录 2);按照 Ridit 方法处理后的数据能够更科学地表现问题严重程度的"置信区间"并进行无量纲比较,因此我们选取该方法对评价存在重要问题按严重程度进行聚类。

在处理数据时,因 33 号问题具有总体性,所以,选择将该问题作为"参照组"计算 R 值。在判断分组结果时,仍不可避免地具有"主观性"。本书并未参照 R 值差异显著性确定分组,而是结合实际需要根据 R 值置信区间图所示的差异确定分组结果。

3.2.1　总体聚类分析

依据对编号相同的四个题目的得分均值,对除第 33 号问题以外的 32 个问题的严重程度进行聚类,结果如图 3-3 所示。

如图 3-3 所示,32 个评价存在重要问题的问题可以大体上分为四组。

第一组:18 号问题。18 号问题即"当前的学术评价管理政策过于利益化",置信区间明显高于其他 31 个问题;得分均值也最高,是 32 个问题中最严重的。

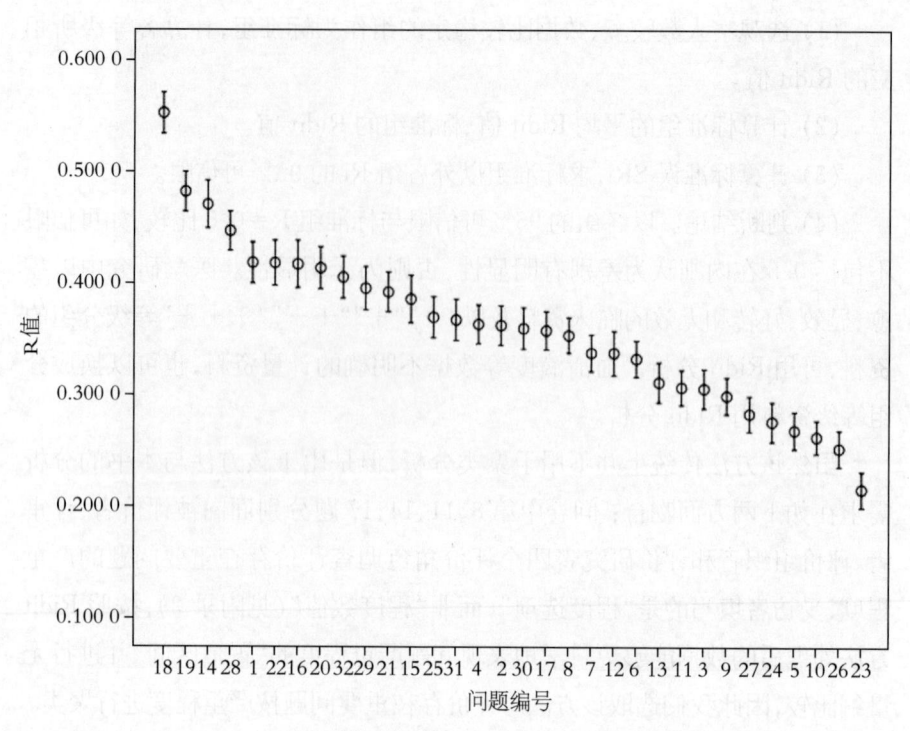

图 3-3　按问题总体严重程度的 Ridit 聚类结果

第二组：19 号、14 号、28 号问题。19 号、14 号、28 号问题分别是"当前的学术评价管理政策缺失严重""期刊级别常常作为评价论文的主要尺度""许多评价活动的过程透明度和公开性较差"，置信区间明显低于第一组，但明显高于其他 28 个问题。Ridit 聚类结果与均值差异略有不同：在均值分析中，14 号问题的得分均值高于 28 号，但在 Ridit 分析中，28 号问题的严重程度则高于 14 号，不过两个问题在严重程度上可大体划分为一组。

第三组：图 3-3 中 1 号至 26 号共 27 个问题(从左至右)。这些问题 R 值的置信区间明显低于第一、二组，但明显高于第四组。按严重程度还可将该组的问题进一步细分为 5 个小组(问题严重程度依次递减)：① 1 号、22 号、16 号、20 号、32 号、29 号、21 号共 7 个问题；② 15 号、25 号、31 号、4 号、2 号、30 号、17 号、8 号共 8 个问题；③ 7 号、12 号、6 号共 3 个问题；④ 13

号、11号、3号、9号共4个问题;⑤ 27号、24号、5号、10号、26号共5个问题。

第四组:23号问题。23号问题即"当前评价体系对创新导向的体现不足",R值置信区间明显低于其他31个问题,其得分均值也最低,是32个问题中最不严重的问题。

图3-3的聚类结果显示,32个问题严重程度的"梯队"较为明显,尤其是最严重问题(即第一组)和最不严重问题(即第四组)与其他组的差异一目了然。Ridit聚类结果为有序解决评价存在的问题提供了一定依据。根据Ridit聚类结果,应重点关注和解决第一组和第二组的问题,这两组问题也与表3-1所示的前5名得分均值最高的问题相同;在条件更为成熟时,可以关注和解决第三组中位于前列的部分问题,第四组问题可以暂缓解决甚至忽略。

3.2.2 评价角色聚类分析

按照不同评价角色对评价存在重要问题严重程度得分均值,分别对除第33个问题以外的32个问题的严重程度进行聚类,结果如图3-4至图3-7所示。

1. 按被评价者认为的问题严重程度聚类

从图3-4可以看出,按被评价者认为的评价存在重要问题严重程度,可将32个问题大体上分为6组。

第一组:14号问题。即"您单位常将期刊级别作为评价论文的主要尺度",其R值置信区间明显高于其他31个问题,是被评价者所认为的最严重的问题。

第二组:18号、16号和19号3个问题。这3个问题分别是"当前的学术评价管理政策过于利益化""您单位评审常依据字数、基金、获奖或被批示情况""评价管理政策缺失造成了有些成果的不公正评价",其R值置信区间虽然明显低于14号问题,但是又明显高于其他28个问题,是被评价者认为

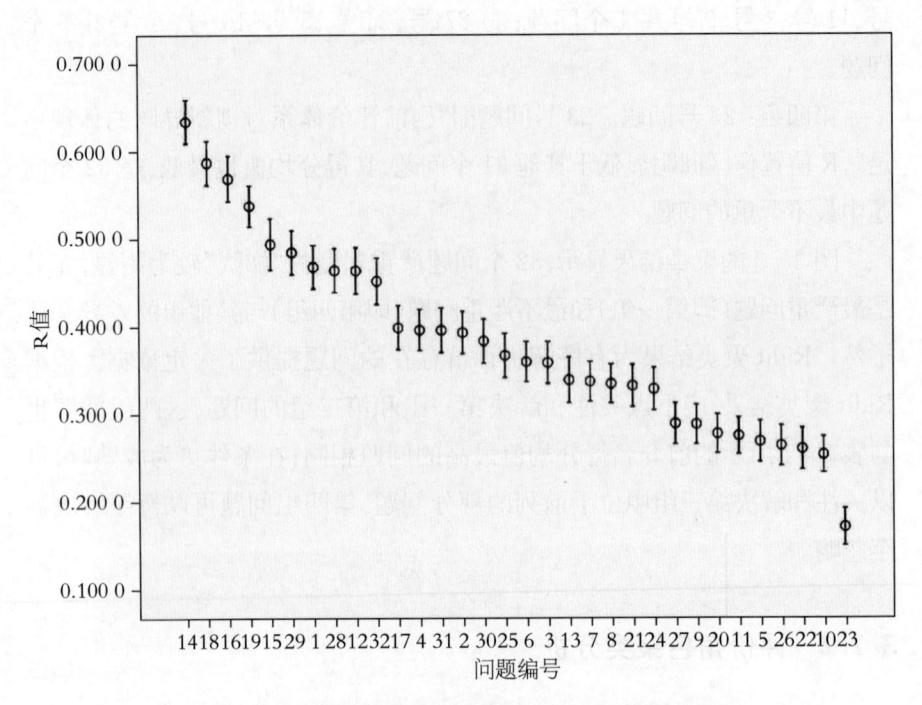

图 3-4 被评价者对问题严重程度的 Ridit 聚类结果

的严重程度仅次于第一组的问题。

第三组：图 3-4 所示的从 15 号至 32 号共 6 个问题（从左至右）。这些问题的 R 值置信区间明显低于前两组的 4 个问题，且明显高于其余 22 个问题。

第四组：图 3-4 所示的从 17 号至 24 号共 13 个问题（从左至右）。这些问题的 R 值置信区间明显低于前 3 组的 10 个问题，且明显高于其余 9 个问题，在被评价者眼里严重程度居中。

第五组：图 3-4 所示的从 27 号至 10 号共 8 个问题（从左至右）。这些问题的 R 值置信区间明显低于前四组的 4 个问题，且明显高于 23 号问题。

第六组：23 号问题。即"为获得更好评价，您通常不倾向于开展创新性较强的研究"，该问题的 R 值置信区间明显低于其余 31 个问题，是被评价者认为的最不严重的问题。

按被评价者认为的评价存在重要问题严重程度进行的 Ridit 聚类,6 组的"梯队"十分明显,尤其是第一、第二和第六组。同时还可以发现,与问题总体严重程度的聚类结果相比,被评价者的认识略有差异:最严重的问题是 14 号,而不是 18 号;16 号问题的严重程度位居第二位,也与总体情况差异较大,但被评价者认为的最不严重的问题与总体相同,均是 23 号。

2. 按评审者认为的问题严重程度聚类

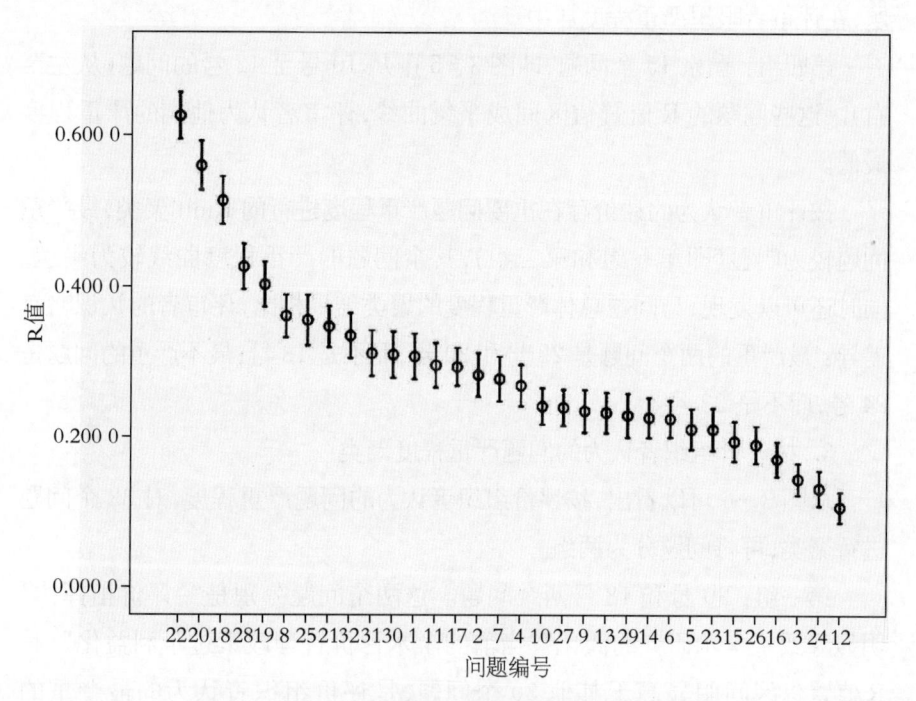

图 3-5　评审者对问题严重程度的 Ridit 聚类结果

从图 3-5 可以看出,按评审者认为的评价存在重要问题严重程度,可将 32 个问题大体上分为 4 组。

第一组:22 号、20 号和 18 号 3 个问题。这 3 个问题分别是"当前评价过于重视短期绩效,明显影响长期基础研究""'评价指挥棒'明显导致了学术研究的僵化""当前的学术评价管理政策过于利益化",其 R 值置信区间明显高于其他 29 个问题,是评审者所认为的最严重的问题。

第二组：28 号和 19 号两个问题。这两个问题分别是"您参评的多数活动只公开方法和结果不公开过程""您评审时可参照的评价管理政策很少"，其 R 值置信区间虽然明显低于前 3 个问题，但是又明显高于其他 27 个问题，是评审者认为的严重程度仅次于第一组的问题。

第三组：图 3-5 所示的从 8 号至 4 号共 12 个问题（从左至右）。这些问题的 R 值置信区间明显低于前两组的 5 个问题，且明显高于其余 15 个问题，在评审者眼里严重程度居中。

第四组：剩余 15 个问题，即图 3-5 中从 10 号至 12 号的问题（从左至右）。这些问题的 R 值置信区间成平缓曲线，评审者认为他们的严重程度最低。

按评审者认为的评价存在重要问题严重程度进行的 Ridit 聚类，最严重问题较为明显（即第一组和第二组），其余问题的严重程度曲线较为平缓。同时还可以发现，与问题总体严重程度的聚类结果相比，评审者的认识略有差异：最严重的两个问题是 22 号和 20 号，而不是 18 号；最不严重的问题是 24 号，而不是 23 号。

3. 按评价组织者认为的问题严重程度聚类

从图 3-6 可以看出，按评价组织者认为的问题严重程度，对 32 个问题进行聚类，可将问题分为两组。

第一组：20 号和 18 号两个问题。这两个问题分别是"'评价指挥棒'明显导致了学术研究的僵化""当前的学术评价管理政策过于利益化"，其 R 值置信区间明显高于其他 30 个问题，是评价组织者认为的最严重的问题。

第二组：其余 30 个问题，即图 3-6 中从 1 号至 24 号（从左至右）。这些问题的 R 值置信区间整体呈较为平缓的曲线且相互之间重叠较多。其 R 值置信区间明显低于前两个问题，且相互之间差距不大是评审者认为的严重程度仅次于第一组的问题。

与评审者的聚类结果类似，按评价组织者认为的评价存在重要问题严重程度进行的 Ridit 聚类，最严重问题较为明显（即第一组），其余问题的严

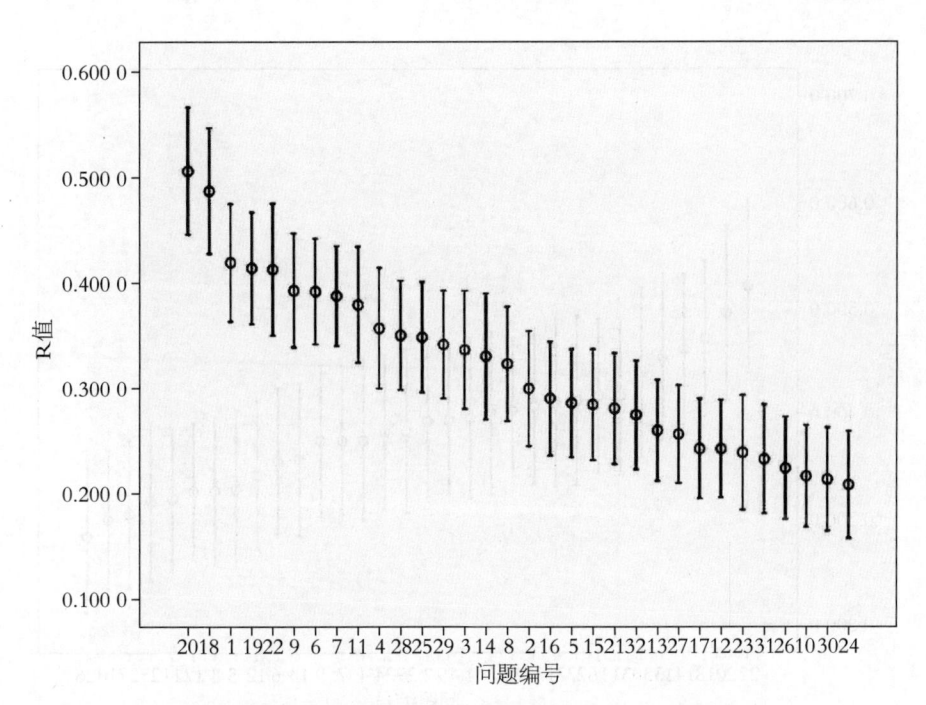

图 3-6 评价组织者对问题严重程度的 Ridit 聚类结果

重程度曲线较为平缓且相互之间重叠较多,说明总体上这一聚类结果的"梯队"不明显。同时,我们也可以发现,与问题总体严重程度的聚类结果相比,评价组织者的认识略有差异:最严重的问题是 20 号,而不是 18 号和 28 号;最不严重的问题是 24 号,而不是 23 号。

4. 按评价研究者认为的问题严重程度聚类

从图 3-7 可以看出,评价研究者所认为的问题严重程度,其 R 值置信区间没有明显的分界线且相互之间重叠较多,从 22 号问题至 23 号问题(从左至右),按问题严重程度呈现出较为平缓的曲线。同时,我们也可以发现,与问题总体严重程度的聚类结果相比,评价研究者的认识略有差异:最严重的前两个问题是 22 号和 20 号,而不是 18 号和 28 号。

从以上分析可知,按被评价者和评审者分别认为的严重程度对问题进行聚类,结果呈现较为明显的"梯队";按评价组织者和评价研究者分别认为的严重程度对问题进行聚类,结果呈现的"梯队"则不明显,问题的严

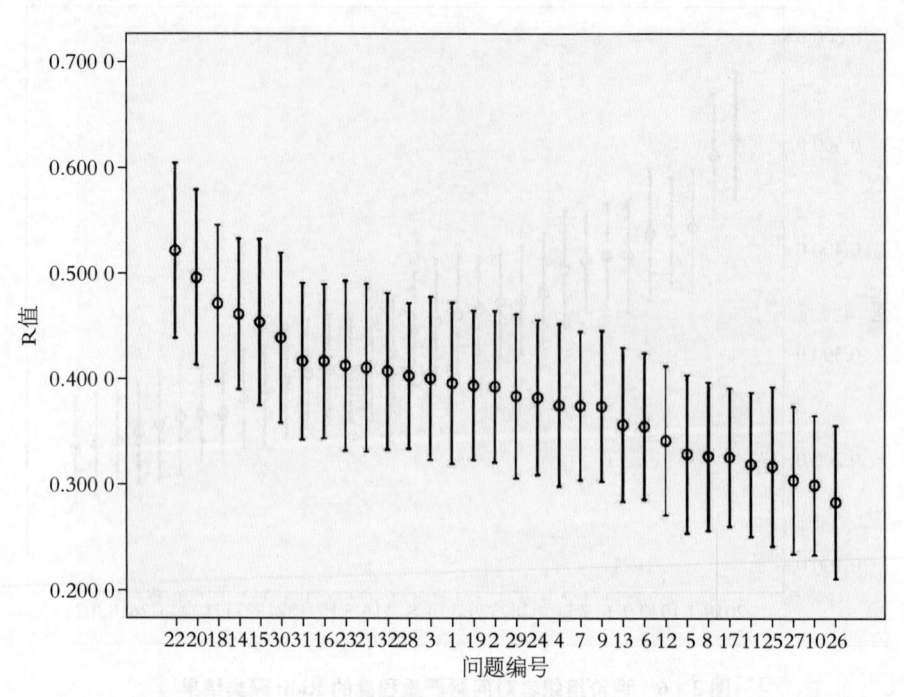

图 3-7 评价研究者对问题严重程度的 Ridit 聚类结果

重程度成平缓曲线。总体上,四种评价角色对问题严重程度是存在差异的,比如被评价者、评审者、评价组织者、评价研究者四类角色所认为的最严重问题分别是 14 号、22 号、20 号、22 号问题,最不严重问题分别是 23 号、12 号、23 号、26 号问题;但仍可看出一些共性,比如 18 号问题被四类角色都认为严重程度位居前 5 名,因此在总体聚类中成为最严重的问题。

3.3 问题的主成分分析(代表性问题分析)

第 8、11、14、17 题四个题目所列的编号 1～32 的问题(见附录 2),由于相同编号表示所阐述问题相同,因此归并为 32 个问题严重程度变量。通过主成分分析法(PCA),将原来的 32 个问题严重程度变量重新组合成一组相互无关的综合变量,同时根据需要从中可以取出几个较少的综合变量,以尽可能多地反映原来问题严重程度的信息。

主成分分析(principal component analysis,PCA),也称主分量分析,旨在利用降维的思想,把多指标转化为少数几个综合指标。在实际问题研究中,为了全面、系统地分析问题,我们必须考虑众多影响因素。这些涉及的因素一般称为指标,在多元统计分析中也称为变量。因为每个变量都在不同程度上反映了所研究问题的某些信息,并且指标之间彼此有一定的相关,因而所得的统计数据反映的信息在一定程度上有重叠。在用统计方法研究多变量问题时,变量太多会增加计算量和增加分析问题的复杂性,人们希望在进行定量分析的过程中,涉及的变量较少,得到的信息量较多。

主成分分析法是一种数学变换的方法,它把给定的一组相关变量通过线性变换转成另一组不相关的变量,这些新的变量按照方差依次递减的顺序排列。在数学变换中保持变量的总方差不变,使第一变量具有最大的方差,称为第一主成分,第二变量的方差次大,并且和第一变量不相关,称为第二主成分。依次类推,i 个变量就有 i 个主成分。

其中 L_i 为 p 维正交化向量($L_i * L_i = 1$),Z_i 之间互不相关且按照方差由大到小排列,则称 Z_i 为 X 的第 i 个主成分。设 X 的协方差矩阵为 Σ,则 Σ 必为半正定对称矩阵,求特征值 λ_i(按从大到小排序)及其特征向量,可以证明,λ_i 所对应的正交化特征向量,即为第 i 个主成分 Z_i 所对应的系数向量 L_i,而 Z_i 的方差贡献率定义为 $\lambda_i / \Sigma \lambda_j$,通常要求提取的主成分的数量 k 满足 $\Sigma \lambda_k / \Sigma \lambda_j > 0.85$。

主成分分析法的计算步骤如下:

(1) 数据标准化;

(2) 求相关系数矩阵;

(3) 一系列正交变换,使非对角线上的数置 0,加到主对角上;

(4) 得特征根系(即相应那个主成分引起变异的方差),并按照从大到小的顺序把特征根排列;

(5) 求各个特征根对应的特征向量；

(6) 用下式计算每个特征根的贡献率 V_i；

(7) $V_i = x_i/(x_1 + x_2 + \cdots\cdots)$；

(8) 根据特征根及其特征向量解释主成分物理意义。

在 SPSS 中运用主成分分析方法分析发现，KMO 指标为 0.952，表明非常适宜用主成分分析方法；Bartlett 的球形度检验在 0.001 上显著，说明 32 个问题严重程度变量相互之间不独立，可以用主成分分析实现降维，从而减少变量数量，具体数据如表 3-5 所示。

表 3-5 32 个问题严重程度主成分分析特征值及解释的总方差

成分	初始特征值 特征值	初始特征值 方差比率/%	初始特征值 累积率/%	提取平方和载入 特征值	提取平方和载入 方差比率/%	提取平方和载入 累积率/%
1	13.460	40.789	40.789	13.460	40.789	40.789
2	2.867	8.689	49.478	2.867	8.689	49.478
3	1.825	5.530	55.008	1.825	5.530	55.008
4	1.541	4.670	59.678	1.541	4.670	59.678
5	1.041	3.155	62.833	1.041	3.155	62.833
6	0.991	3.004	65.837	—	—	—
7	0.816	2.472	68.308	—	—	—
8	0.791	2.398	70.706	—	—	—
9	0.746	2.260	72.967	—	—	—
10	0.681	2.065	75.032	—	—	—
11	0.647	1.960	76.992	—	—	—
12	0.610	1.848	78.839	—	—	—
13	0.526	1.595	80.434	—	—	—

(续表)

成分	初始特征值			提取平方和载入		
	特征值	方差比率/%	累积率/%	特征值	方差比率/%	累积率/%
14	0.517	1.566	82.001	—	—	—
15	0.486	1.472	83.473	—	—	—
16	0.463	1.404	84.877	—	—	—
17	0.447	1.355	86.232	—	—	—
18	0.433	1.313	87.545	—	—	—
19	0.393	1.190	88.734	—	—	—
20	0.370	1.121	89.855	—	—	—
21	0.331	1.002	90.858	—	—	—
22	0.324	0.983	91.841	—	—	—
23	0.314	0.953	92.793	—	—	—
24	0.310	0.939	93.732	—	—	—
25	0.302	0.914	94.647	—	—	—
26	0.284	0.862	95.509	—	—	—
27	0.259	0.786	96.295	—	—	—
28	0.253	0.766	97.060	—	—	—
29	0.217	0.657	97.717	—	—	—
30	0.211	0.638	98.355	—	—	—
31	0.203	0.615	98.970	—	—	—
32	0.179	0.542	99.512	—	—	—

根据初始特征值大于1的原则,SPSS提取了5个主成分,累积解释的总方差达到62.83%,可以较好地反映原来32个问题严重程度变量包含的信息。

表3-6　32个问题严重程度主成分分析的成分矩阵

问题编号	主成分 1	2	3	4	5
1	0.634	-0.134	-0.203	0.106	0.125
2	0.699	-0.039	-0.273	0.082	0.001
3	0.738	-0.267	-0.179	0.233	0.026
4	0.662	-0.174	-0.195	0.191	0.034
5	0.667	0.052	-0.269	0.142	-0.103
6	0.654	-0.098	-0.409	0.194	-0.023
7	0.676	0.013	-0.387	0.225	-0.028
8	0.653	0.207	-0.296	0.084	-0.021
9	0.663	-0.049	-0.133	0.290	-0.087
10	0.581	0.040	0.065	0.185	0.011
11	0.605	0.056	-0.202	0.266	0.078
12	0.748	-0.382	0.192	0.069	0.083
13	0.726	0.090	-0.011	-0.033	-0.126
14	0.693	-0.429	0.279	-0.025	0.240
15	0.572	-0.356	0.294	0.035	0.214
16	0.695	-0.443	0.316	-0.007	0.176
17	0.751	0.056	0.013	-0.210	-0.012

(续表)

问题编号	主成分				
	1	2	3	4	5
18	0.619	0.179	−0.042	−0.380	0.427
19	0.695	0.009	−0.098	−0.315	0.259
20	0.221	0.762	0.131	0.238	0.259
21	0.566	0.540	0.028	−0.194	−0.025
22	0.165	0.812	0.218	0.231	0.174
23	0.406	0.409	0.457	0.463	0.010
24	0.670	−0.201	0.400	0.150	0.029
25	0.415	0.034	0.286	−0.024	−0.431
26	0.596	0.019	0.401	0.169	−0.161
27	0.648	0.125	0.187	−0.149	−0.370
28	0.606	0.151	0.167	−0.359	−0.018
29	0.714	−0.240	0.146	−0.151	−0.079
30	0.740	0.144	−0.035	−0.150	−0.191
31	0.752	0.126	−0.075	−0.191	−0.218
32	0.757	0.130	−0.049	−0.281	−0.163

表3-6的成分矩阵显示了提取的5个主成分与原来的32个问题严重程度变量之间的相关系数。

由于32个问题严重程度变量与5个主成分均有相关关系，但相关关系有大有小。为了更为清晰地表现与5个主成分相关关系较大的问题严重程度变量，可通过选择某个相关系数基准值，使得所有相关系数绝对值小于基准值的均不显示。

表3-7 32个问题严重程度经基准值调整后的成分矩阵

问题编号	主成分				
	1	2	3	4	5
1	0.634	—	—	—	—
2	0.699	—	—	—	—
3	0.738	—	—	—	—
4	0.662	—	—	—	—
5	0.667	—	—	—	—
6	0.654	—	−0.409	—	—
7	0.676	—	−0.387	—	—
8	0.653	—	—	—	—
9	0.663	—	—	—	—
10	0.581	—	—	—	—
11	0.605	—	—	—	—
12	0.748	−0.382	—	—	—
13	0.726	—	—	—	—
14	0.693	−0.429	—	—	—
15	0.572	—	—	—	—
16	0.695	−0.443	—	—	—
17	**0.751**	—	—	—	—
18	0.619	—	—	−0.380	0.427
19	0.695	—	—	—	—
20	—	**0.762**	—	—	—
21	0.566	**0.540**	—	—	—

(续表)

问题编号	主成分 1	2	3	4	5
22	—	**0.812**	—	—	—
23	0.406	0.409	**0.457**	**0.463**	—
24	0.670	—	0.400	—	—
25	0.415	—	—	—	**−0.431**
26	0.596	—	**0.401**	—	—
27	0.648	—	—	—	—
28	0.606	—	—	—	—
29	0.714	—	—	—	—
30	0.740	—	—	—	—
31	**0.752**	—	—	—	—
32	**0.757**	—	—	—	—
显示的问题变量数量	30	7	5	2	2

相关系数基准值的选择原则有三条：① 每个主成分至少显示一个问题严重程度变量；② 所有主成分显示的问题严重程度变量数量之和最少；③ 如有两个及以上的主成分分别只显示一个问题严重程度变量，且问题严重程度变量相同，应调整基准值，以使显示的问题严重程度变量增加，使主成分的意义更明确。

经测算，当基准值选择为 0.431 时，主成分 3 和 4 均只有一个问题严重程度变量，且均为问题 23。因此，进一步调整，当基准值为 0.380 时，5 个主成分依次有 31、7、5、2、2 个问题严重程度变量显示，可满足需要。

为更清晰地表现各个主成分的意义,尤其是主成分1、2、3分别与31、7、5个问题变量有较高相关,选择每个主成分中相关系数绝对值前三的问题严重程度变量,将其相关系数在表3-7中加粗显示。对于在多个主成分上均有加粗显示的问题严重程度变量,只表现在其相关系数绝对值最大的主成分中。

据此,主成分1上有问题严重程度变量32号问题"您的成果参评时多数无法有效使用申诉机制"、31号问题"利益相关者回避机制不到位常使您的成果受到优待/歧视"和17号问题"您单位的成果评价指标逻辑关系或权重常分配不合理";主成分2上有问题严重程度变量22号问题"为符合评价要求,您尽可能进行周期短、见效快的研究"、20号问题"为获得更高评价,您刻意按照评价要求开展研究"和21号问题"您单位的评价理念目标常不明确、不正确或不合理";主成分3上有问题严重程度变量6号问题"对于您的成果的创新性,不同评委的结论差异较大"和26号问题"您的成果被评时通常主要依据文献计量而非同行评议结果";主成分4上有问题严重程度变量23号问题"为获得更好评价,您通常不倾向于开展创新性较强的研究";主成分5上有问题严重程度变量25号问题"您的成果很少通过网络评估软件参评"和18号问题"当前的学术评价管理政策过于利益化"。

按照主成分分析结果,可以根据上述5个主成分所属的问题集,较为全面地了解、分析当前中国人文社科学术评价存在重要问题的严重程度;同时也说明这5个主成分中的11个主要变量(即6号、17号、18号、20号、21号、22号、23号、25号、26号、31号、32号问题对应的变量)在32个变量中发挥了相对重要的作用,具有典型性,即具有较强的代表意义。由于评价涉及的问题多且复杂,在未来的评价研究和实践中出于"简化"需要。典型性可以用这些问题代替全体问题,以降低研究和实践的复杂性,提升可操作性。

3.4 最严重问题得票数分析

问卷中第10、13、16、19题(见附录2)调查了不同评价角色受访者,对评价存在重要问题中最严重的 3 个问题的认识情况。第 10、13、16、19 题分别面向被评价者、评审者、评价组织者和评价研究者 4 个评价角色,有效样本数量依次为 461、301、89 和 53。笔者对这 4 个题目的得票次数进行了统计,以便明确当前最严重的评价问题。在统计之前,笔者将第 9、12、15、18 题(见附录 2)的填写内容也进行了规整,部分归纳到了第 8、11、14、17 题的对应问题中,少部分保留,但因得票次数不集中,因此不再进行分析。每个样本填写 3 个最严重问题,总有效投票数为票。

某序号问题的得票次数等于(规整后)第 10、13、16、19 题中同一序号所有问题的得票数量之和。

3.4.1 总体分析

按照如上规则,对第 10、13、16、19 题中相同序号问题的得票次数进行了排序,结果如图 3-8 所示。得票次数越高表示问题越严重,越低表示越不严重。

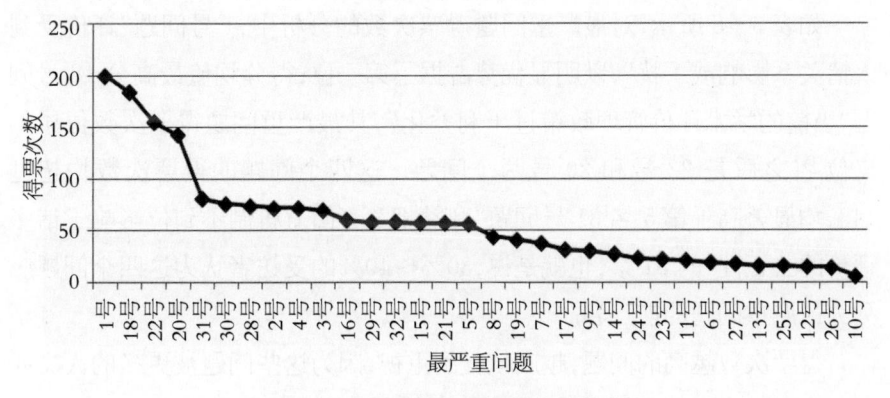

图 3-8 最严重问题得票总数排序

图 3-8 显示,32 个问题均被部分受访者提名为"最严重的三个问题之一",但总体上得票次数最高的为 1 号问题"评价受到人情关系影响和干扰",总得票次数为 200;得票次数最低的为 10 号问题"过于重视成果形式评

价,而非内容质量评价",总得票次数为6。从图3-8还可以看出,最严重问题得票次数大体分为三档,且各档之间差距较大:1、18、22和20号问题明显高于其他问题的得票数,处于143～200票之间;第5～16名共12个问题,票数处于50～81之间,处于第二档;剩余问题票数处于6～47票之间,处于第三档。

最严重问题得票次数排在前四位的1、18、22和20号问题,其票数显著高于其他28个问题,详见表3-8。

表3-8 最严重问题得票次数前四名

问题编号	问题描述	得票次数	排名
1	评价受到人情关系影响或干扰	200	1
18	当前的学术评价管理政策过于利益化	184	2
22	当前评价过于重视短期绩效,致使学术急功近利	155	3
20	"评价指挥棒"明显导致了学术研究的僵化	143	4

如表3-8所示,对最严重问题得票次数的分析中,1号问题"评价受到人情关系影响或干扰",以明显优势占据了第一位;得分均值最高分18号问题"当前的学术评价管理政策过于利益化",其最严重问题得票次数位居第二位[①];之后是22号和20号两个问题。这四个问题的得票次数均超过143,均显著高于第5名31号问题"利益相关者回避机制不到位影响了诸多评价的公正性"的81票,也就是说,30%～40%的受访者认为这四个问题应列为最严重问题的前三名。

得票次数越高的问题,越应该受到重视,因为这些问题被更多的人文社科工作者视为最严重的评价存在重要问题。

---

① 问题得分均值与最严重问题得票次数的统计结果不一致,这是因为得分均值高可能由于样本分布导致,若个别样本分数过高会拉高均值,反之亦然;但每个样本的投票均计为一次,相互之间无差异。

3.4.2 评价要素分析

问卷中的第10、13、16、19题涉及的32个问题,是按照评价要素进行梳理的,依次与评价主体、评价对象、评价标准与指标、评价管理政策与学术环境、评价目标与理念、评价方法与工具或评价程序有关。具体对应关系详见本书附录1。

某要素最严重问题得票平均数等于(规整后)第10、13、16、19题中与该要素相关的所有问题的得票数量之和除以第10、13、16、19题中与该要素相关的所有问题的有效样本数量之和。

对围绕不同评价要素问题的平均得票次数和该要素中最严重的问题进行了统计,如表3-9所示。

表3-9 不同评价要素最严重问题得票情况对比

评价要素	该要素得票平均数	该要素中得票次数最多的问题		
		问题编号	问题描述	得票次数
评价管理政策与学术环境	86.0	18	当前的学术评价管理政策过于利益化	184
评价主体	75.0	1	评价受人情关系影响或干扰	200
评价程序	69.4	31	利益相关者回避机制不到位	81
评价目标与理念	64.3	22	当前评价过于重视短期绩效,致使学术急功近利	155
评价标准与指标	32.4	16	过于注重成果字数、基金、获奖、被批示等外在指标	60
评价对象	26.7	8	许多评价标准和指标分类过粗,对某些成果不适用	44
评价方法与工具	16.0	27	评价数据不完整、不准确或不易用	18

表3-9显示,与"评价管理政策与学术环境"要素相关的最严重问题得票平均数最高,为86票,明显高于其他评价要素。这一结论与问题严重程度得分均值的分析结果一致,且如表3-8所示,前四个最严重问题得票最多的三个问题,都与这一要素密切相关,再次说明与其他要素相比,中国人文社科学术成果评价存在的问题中,"评价管理政策与学术环境"方面的问题最为严重,在管控时应予以重点关注。此外,"评价主体""评价程序""评价目标与理念"三个方面的问题,最严重问题得票次数也较高,处于60~80票之间;"评价标准与指标""评价对象""评价方法与工具"三个方面的问题,最严重问题得票次数明显少于其他四个要素,说明关于这些要素的问题严重程度相对较低。

表3-9还显示了各要素中最严重问题得票总数最多的问题:"评价管理政策与学术环境"方面得票最多的是18号问题"当前的学术评价管理政策过于利益化",与"严重程度得分均值"的分析结论一致。"评价主体"方面得票最多的是1号问题"评价受人情关系影响或干扰"。"评价程序"方面得票最多的问题与"严重程度得分均值"的分析结论不同,不是28号问题,而是31号问题"利益相关者回避机制不到位"。"评价目标与理念"方面得票最多的是22号问题"当前评价过于重视短期绩效,致使学术急功近利",与"严重程度得分均值"的分析结论一致。"评价标准与指标"方面得票最多的问题与"严重程度得分均值"的分析结论不同,不是14号问题,而是16号问题"过于注重成果字数、基金、获奖、被批示等外在指标"。"评价对象"方面得票最多的是8号问题"评价标准和指标分类过粗,对某些成果不适用",与"严重程度得分均值"的分析结论一致。"评价方法与工具"方面得票最多的问题与"严重程度得分均值"的分析结论相左,不是25号问题,而是27号问题"评价数据不完整、不准确或不易用"。

3.4.3 评价角色分析

将受访者对学术评价中最严重问题投票次数,按被评价者(第10题)、

3 人文社科成果评价待管控重要问题分析

评审者(第13题)、评价组织者(第16题)、评价研究者(第19题)四类角色分类进行排序(题目见附录2),结果如图3-9所示。

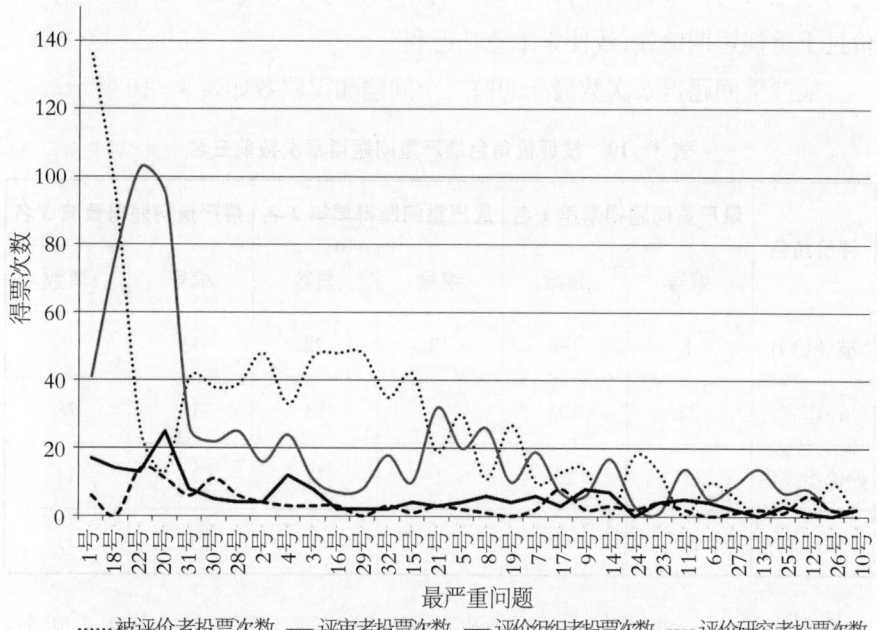

图3-9 按评价角色最严重问题得票次数排序

如图3-9所示,四种评价角色对中国人文社科学术评价存在的最严重问题的认识不同。

首先,四种评价角色对最严重问题得票次数的波动区间差异十分明显:被评价者和评审者对32个问题严重程度的得票次数波动区间较大,最大值和最小值的差距依次为136和102;评价组织者和评价研究者的得分均值波动区间明显相对较小,最大值和最小值的差距依次仅为25和14。换句话说,被评价者和评审者对最严重问题的投票相对集中在少部分问题上,评价组织者和评价研究者的投票则相对分散。

其次,不同评价角色对最严重问题的认识存在差异,被评价者投票最多的是1号问题"常经历或看到人为因素影响或干扰评价活动";评审者投票

— 71 —

最多的是 22 号问题"当前评价过于重视短期绩效,明显影响了长期基础研究";评价组织者投票最多的是 20 号问题"'评价指挥棒'明显导致了学术研究的僵化";与评审者一样,评价研究者投票最多的也是 22 号问题"当前评价过于重视短期绩效,致使学术急功近利"。

最严重问题得票次数最高的前三个问题和得票数如表 3-10 所示。

表 3-10 按评价角色最严重问题得票次数前三名

评价角色	最严重问题得票第 1 名		最严重问题得票第 2 名		最严重问题得票第 3 名	
	编号	票数	编号	票数	编号	票数
被评价者	1	136	18	92	15	48
评审者	22	103	20	94	18	78
评价组织者	20	25	1	17	18	14
评价研究者	22	14	20	11	30	11

由表 3-10 可以看出,被三类受访者一致投票为最严重的问题有两个:一是 18 号"当前的学术评价管理政策过于利益化"(被评价者、评审者和评价组织者视为最严重的三个问题之一),二是 20 号"'评价指挥棒'明显导致了学术研究的僵化"(评审者、评价组织者和评价研究者视为最严重的三个问题之一);被两类受访者认为是最严重的问题有两个,即 1 号"人情关系常影响或干扰评价活动"(评审者和评价组织者视为最严重的三个问题之一)和 22 号"为符合评价要求,您尽可能进行周期短、见效快的研究"(评审者和评价研究者视为最严重的三个问题之一)。

仅被一类受访者认为是最严重的问题有两个:只有被评价者视为最严重的三个问题之一的是 15 号"您单位对国际发文的认可程度通常高于国内发文";只有评价研究者视为最严重的三个问题之一的是 30 号"匿名评审机制不到位影响了许多评价的公正性"。

3.5 本章小结

本章对问卷中涉及的评价待管控重要问题的严重程度进行了分析,共采用了四种方法:得分均值分析、Ridit 聚类分析、主成分分析和最严重问题得票次数分析。运用不同方法得出的分析结论相似程度较高,但也存在少部分差异。综合本章分析可看出,四类受访者一致认为"当前的人文社科成果评价机制不能令人满意",但不同评价要素、评价角色、评价性质的中国人文社科学术评价问题,其严重程度是有差异的。具体情况如下:

第一,总体上,当前中国人文社科学术评价中最严重的问题包括如下 7 个(限于问卷涉及的 32 个问题范围内,按编号顺序而非严重程度排列),这些问题理应成为评价管控机制建设的重点关注对象。

(1) 1 号问题"评价受人情关系影响或干扰"。

(2) 14 号问题"期刊级别常常作为评价论文的主要尺度"。

(3) 18 号问题"当前的学术评价管理政策过于利益化"。

(4) 19 号问题"当前的学术评价管理政策缺失严重"。

(5) 20 号问题"'评价指挥棒'明显导致了学术研究的僵化"。

(6) 22 号问题"当前评价过于重视短期绩效,致使学术急功近利"。

(7) 28 号问题"许多评价活动的过程透明度和公开性较差"。

第二,总体上,虽然已有研究和我们主观假设认为有些问题较严重,但是本次调查显示,在中国人文社科学术评价存在的如下问题最不严重。

(1) 23 号问题"当前评价体系对创新导向的体现不足";受访者总体上认为这一问题不存在(得分为负数)。

(2) 24 号问题"当前评价体系对质量评价的导向体现不足"。

(3) 26 号问题"当前的评价过于依赖文献计量数据,而非同行评议结果"。

可见,调查显示"创新和质量导向评价不到位"在研究领域呼声很高,但事实上,与其他评价问题相比,其严重程度相对较弱,其原因是值得关注的。

第三，根据主成分分析结果，如下 11 个问题在当前中国人文社科学术评价中具有典型性，即具有较强的代表意义，在未来的评价研究和实践中出于简化需要可以用这些问题代替全部问题(此处全部问题限于问卷涉及的 32 个问题范围内，如下问题按编号顺序而非严重程度排列)：

(1) 6 号问题"不同评审者对创新性强的成果容易产生较大争议"。

(2) 17 号问题"评估指标的逻辑关系或权重分配不合理时有发生"。

(3) 18 号问题"当前的学术评价管理政策过于利益化"。

(4) 20 号问题"'评价指挥棒'明显导致了学术研究的僵化"。

(5) 21 号问题"当前许多评价活动的理念目标不明确、不正确或不合理"。

(6) 22 号问题"当前评价过于重视短期绩效，致使学术急功近利"。

(7) 23 号问题"当前评价体系对创新导向的体现不足"。

(8) 25 号问题"当前的评价活动很少使用网络评估软件"。

(9) 26 号问题"当前的评价过于依赖文献计量数据，而非同行评议结果"。

(10) 31 号问题"利益相关者回避机制不到位影响了诸多评价的公正性"。

(11) 32 号问题"许多评价活动申诉机制不到位"。

第四，按问题相关的评价要素来看，"评价管理政策和学术环境"方面的问题，如管理政策缺失、过于利益化等，明显比其他评价要素方面的问题更为严重，这也间接说明当前的人文社科成果评价，迫切需要评价管控机制发挥作用；"评价方法与工具"方面的问题，如"网络评估软件使用不够"等，与其他评价要素方面的问题相比，严重程度相对较低。

第五，针对同一评价问题的严重程度，不同评价角色的认识存在差异。例如，对于 14 号问题，被评价者和评价研究者认为"常将期刊级别作为评价论文的主要尺度"这一问题较为严重，但评审者和评价组织者却认为当前评价并未把期刊级别作为主要尺度。再如，被评价者和评价研究者认为 16 号问题"评审常依据字数、基金、获奖或被批示情况"的问题非常严重，而评审者和评价组织者则不这么认为。

　　根据以上结论,在资源有限的情况下,中国人文社会科学学术成果评价的管控,应重点关注那些"相对更严重"的问题,暂缓解决那些"不太严重"的问题;同时还应有针对性地深入研究、协调和平衡不同评价角色对问题严重程度认识有分歧的情况。

4 人文社科成果评价关键管控措施分析

本章着重回答以下三个问题：应通过哪些关键手段和措施对当前中国人文社科评价存在的问题进行管控？这些手段和措施的有效性和必要性怎样？相对而言，哪些措施更必要，哪些措施的必要性相对较弱？哪些类型的措施在众多措施中更具有典型性？根据第 2 章的文献调查结果，笔者通过问卷调查方式调查了对于当前中国人文社科学术成果评价中存在重要问题的关键管控措施及其必要程度，详见附录 2 中问卷的第 20 题。这一题目不区分受访者角色，要求所有受访者对人文社科学术评价重要问题管控措施的必要性程度判断进行判断，获得的有效样本数量为 512，本章主要通过对该题目作答数据对上述问题进行进一步分析。主要研究方法包括措施必要程度的得分均值分析、措施必要程度的 Ridit 分析（聚类）、措施必要程度的主成分分析（典型措施分析）、最必要措施的得票次数分析。

4.1 措施必要程度得分均值分析

4.1.1 总体分析

依据对管控措施必要程度的得分均值，对 42 项管控措施的必要程度行排序，结果如图 4-1 所示。得分越高表示措施越必要，越低表示措施越不必要。

某序号管控措施的得分均值等于该序号措施的总得分除以 512。

4 人文社科成果评价关键管控措施分析

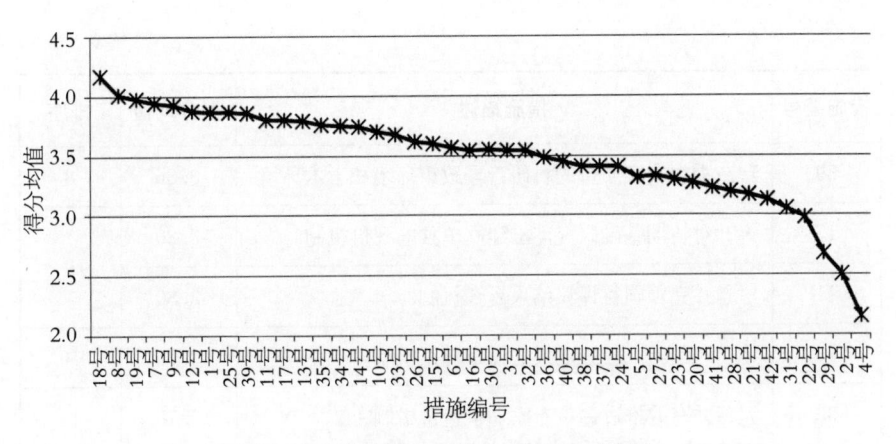

图 4-1 管控措施必要程度得分均值排序

图 4-1 显示,42 项措施的得分均值最低值大于 2,说明受访者认为这 42 项管控措施至少"有一定必要性",预期取得较为有效的人文社科学术评价效果。同时,42 项措施的得分均值高低不等,说明受访者对这些管控措施必要程度的认识存在差异,其中得分最高的 18 号措施得分均值为 4.17 分,得分最低的 4 号措施得分均值为 2.15 分。

表 4-1 评价管控措施必要程度得分均值排序

措施编号	措施描述	得分均值	排序
18	降低行政部门对学术成果评价的干预程度	4.17	1
8	建立并完善评价利益相关者回避机制和监督机制	4.01	2
19	进一步完善人文社科成果的评价指标体系	3.98	3
7	加强评价过程的公开性和透明性及其监督机制	3.94	4
9	建立并完善评价组织者监督和管理机制	3.93	5
12	建立并完善学术评价结果反馈机制	3.88	6
1	调节评价管理政策的学术性与利益化之间的矛盾	3.87	7
25	强化学术成果评价的内容质量导向	3.87	

— 77 —

（续表）

措施编号	措施描述	得分均值	排序
39	营造重视内容质量的科研管理政策环境和学术环境	3.86	8
17	将针对长期基础研究需求建立单独的评价机制	3.80	9
11	建立并完善同行评议结果复查机制	3.80	
13	建立对创新性较强成果的评审复议机制	3.79	10
35	完善并有效推进评审专家随机遴选机制	3.76	11
34	完善并推行作者匿名评审制度	3.75	12
14	建立规模大、信息全、更新及时的评审专家数据库	3.74	13
10	建立并完善评审过程中参评专家信息保密机制	3.70	14
33	完善并推行专家匿名评审制度及其监督机制	3.68	15
26	设置科学性与可行性并重的评价程序和细则	3.62	16
15	建立开放的成果同行评议平台和评价数据资源建设	3.60	17
6	加强学术评价管理政策的制定和完善工作	3.57	18
30	推广创新导向科研管理政策并营造相应学术环境	3.55	19
3	加大对学术评价创新和质量导向的管理力度	3.54	20
32	完善并推行评价申诉机制及其监督机制	3.54	
16	建立评价科学性与可操作性的调节机制	3.54	
36	完善成果评价国际化与本土化标准的调节机制	3.48	21
40	优化指标权重分配，加大创新指标的权重	3.45	22
24	强化基于多种评价目的、主体和方法多元评价机制	3.41	23
37	完善评价结果争议的协调机制	3.41	

4 人文社科成果评价关键管控措施分析

(续表)

措施编号	措施描述	得分均值	排序
38	细化分类评价,强化同类比较	3.41	23
42	建立并推行人文社科成果"查新"机制	3.39	24
27	提高描述评审意见的详细程度	3.33	25
5	加强基于"代表作"的同行评议制度	3.32	26
23	强化弹性的学术成果评价机制	3.30	27
20	培训并监督科研管理部门合理应用文献计量指标	3.27	28
41	在创新性评价中弱化主观判断,实行举证机制	3.23	29
28	通过培训或吸纳评价专家加强评价组织者建设	3.20	30
21	培训科研管理部门合理应用外在量化指标	3.17	31
31	推进成果形式规范的标准化,降低形式评价需求	3.06	32
22	培训评审专家,使其更好地理解和操作评价体系	2.98	33
29	通过软件、工具辅助控制同行专家的主观随意性	2.68	34
2	构建并推进有效的成果大众评价机制	2.50	35
4	加大主观定性评价指标比重,降低量化指标比重	2.15	36

如表4-1所示,受访者认为必要程度最高的三项措施的编号依次为18、8和19。这三项措施的得分均值依次为4.17、4.01、3.98,表示与其他措施相比,受访者总体上认为"降低行政部门对学术成果评价的干预程度""建立并完善评价利益相关者回避机制和监督机制"和"进一步完善人文社科成果的评价指标体系"这三项措施的必要程度,处于"非常必要"和"极为必要"之间。其中18号措施的得分均值又明显高于8号和19号。

从得分均值来看,受访者认为必要程度最低的三项措施的编号依次为

4、2 和 29。这三项措施的得分均值依次为 2.15、2.50、2.68,说明受访者总体上认为"加大主观定性评价指标比重,降低量化指标比重""构建并推进有效的成果大众评价机制"和"通过软件、工具辅助控制同行专家的主观随意性"这三项管控措施的必要程度,处于"有一定必要"和"比较必要"之间,但必要程度明显低于其他 39 项措施。

在资源有限的情况下,可将人文社科学术评价改革的重点尽量放在解决"相对更必要"的措施上,暂缓推行哪些"必要性相对较弱"的措施。

4.1.2 评价要素分析

问卷中的第 20 题中所列的 42 项评价管控措施,是按照第 8、11、14、17 四个题目所列的 32 个问题可能的解决思路梳理的,梳理时也依次与评价主体、评价对象、评价标准与指标、评价管理政策与学术环境、评价目标与理念、评价方法与工具或评价程序有关。具体对应关系详见本书附录 1。

某要素管控措施的得分均值等于第 20 题中与该要素相关的所有措施的总得分除以第 20 题中填写这些措施的有效样本数量。

围绕不同评价要素相关管控措施的得分均值和该要素中最有必要的措施进行了统计,结果如表 4-2 所示。

表 4-2 围绕不同评价要素最有必要的措施

评价要素	该要素措施得分均值	该要素最有必要的措施		
		问题编号	措施描述	得分均值
评价管理政策与学术环境	3.70	18	降低行政部门对学术成果评价的干预程度	4.17
评价程序	3.64	7	加强评价过程的公开性和透明性及其监督机制	3.94
评价目标与理念	3.63	17	将针对长期基础研究需求建立单独的评价机制	3.80

4 人文社科成果评价关键管控措施分析

(续表)

评价要素	该要素措施得分均值	该要素最有必要的措施		
		问题编号	措施描述	得分均值
评价主体	3.51	8	建立并完善评价利益相关者回避机制和监督机制	4.01
评价对象	3.46	25	强化学术成果评价的内容质量导向	3.87
评价标准与指标	3.29	19	进一步完善人文社科成果的评价指标体系	3.98
评价方法与工具	3.20	5	加强基于"代表作"的同行评议制度	3.32

表4-2显示,7个评价要素相关措施的必要程度得分均值相差不大,均在3~4分之间,即处于"比较必要"和"非常必要"之间。其中,"评价管理政策与学术环境"相关管控措施的得分均值在7个要素中仍为最高,为3.70分;该要素相关的1号管控措施"调节评价管理政策的学术性与利益化之间的矛盾",其必要性程度得分均值为4.17,也高居42项措施首位。"评价方法与工具"相关管控措施的得分均值在7个要素中仍为最低,为3.20分。这说明,中国人文社科学术评价管控机制最应关注"评价管理政策与学术环境"方面的措施,但同时也不应忽视对其他评价要素相关管控措施的关注,"多管齐下"才能全面改进学术评价的实际效果。

表4-2还显示了各要素中得分均值最高(即最有必要)的措施:"评价管理政策与学术环境"方面最有必要的是18号措施"降低行政部门对学术成果评价的干预程度";"评价程序"方面最有必要的是7号措施"加强评价过程的公开性和透明性及其监督机制";"评价目标与理念"方面最有必要的是17号措施"将针对长期基础研究需求建立单独的评价机制";"评价主体"方面最有必要的是8号措施"建立并完善评价利益相关者回避机制和监督机制";"评价对象"方面最有必要的是25号措施"强化学术成果评价的内容质量导向";"评价标准与指标"方面最有必要的是19号措施"进一步完善人文社科成果的评价指标体系";"评价方法与工具"方面最有必要的是5号措施"加强基于'代表作'的同行评议制度"。

然而，还可以看出，这些最有必要的措施在必要程度上差异并不大，因此在推行管控措施时，不能仅关注这些措施，有必要对各项措施进行广泛研究。

4.1.3 评价角色分析

根据附录 2 中第 6 题受访者的评价角色选择情况，可以设定两种方案，对管控措施得分均值进行分类分析。

方案一：按照受访者对评价角色原始的多选情况进行分类。具有统计意义的样本类型(有效样本数量超过 30 份，可理解为服从正态分布)共有 3 种：只选被评价者这一角色的受访者(用"a 被评价者"表示)、同时选择被评价者和评审者两类角色的受访者(用"b 被评价者 & 评审者"表示)、同时选择被评价者、评审者和评价组织者 3 类角色的受访者(用"c 被评价者 & 评审者 & 评价组织者"表示)。这 3 类角色对 42 项评价管控措施的回答，有效样本数量依次为 184、183 和 49 份。

方案二：按照受访者对评价角色的多选情况拆分为多个单选的数据进行统计，只要多选时包含任一角色都拆分为一条针对单一角色的单独数据。如某受访者同时选了被评价者、评审者和评价研究者 3 个评价角色，那么该条数据拆分成 3 条数据，分别针对其中一个评价角色判断 42 项措施的必要程度，3 条数据对应的评价角色类型依次记为被评价者、评审者、评价研究者。这样，具有统计意义的样本类型(有效样本数量超过 30 份，可理解为服从正态分布)共有 4 种，即被评价者、评审者、评价组织者和评价研究者，有效样本数量依次为 461、301、89 和 53 份。

方案一是当前中国人文社会科学领域学者身份交叉状况的如实反映，这一统计方法有利于反映现实中评价角色的交叉组合状况；方案二将角色多选情况拆分，有利于放大不同评价角色在评价中的立场和认识的差异，使其相互之间的比照更为鲜明。

1. 按方案一对不同角色的管控措施必要程度得分均值进行分析

按方案一对不同评价角色的管控措施必要程度得分均值进行分类排

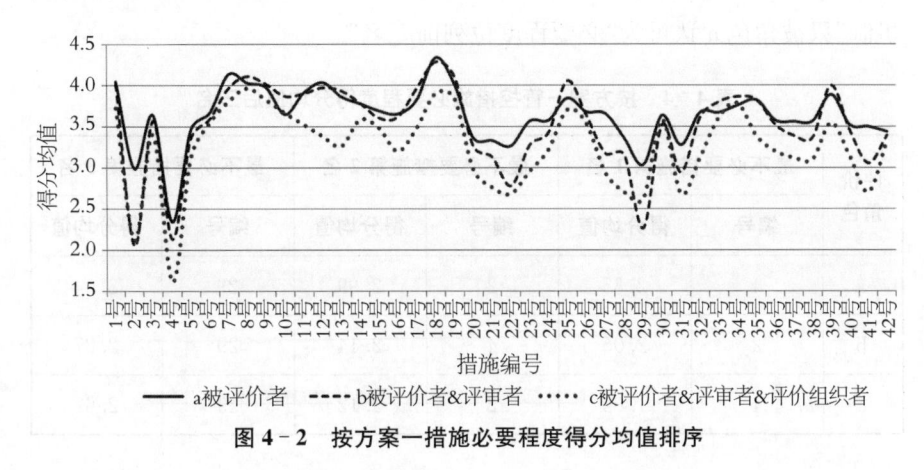

4 人文社科成果评价关键管控措施分析

序,结果如图 4-2 所示。

图 4-2 按方案一措施必要程度得分均值排序

如图 4-2 所示,三种评价角色对中国人文社科学术评价管控措施必要程度的认识较为一致。可以大体看出,对于大部分问题而言,"a 被评价者"认为的措施必要程度最高,"c 被评价者 & 评审者 & 评价组织者"认为的措施必要程度最低,但两类角色得分均值只相差 0.38 分,差距很小。

表 4-3 按方案一管控措施必要程度得分均值前三名

评价角色	最有必要措施第 1 名		最有必要措施第 2 名		最有必要措施第 3 名	
	编号	得分均值	编号	得分均值	编号	得分均值
a	18	4.33	7	4.13	1	4.04
b	18	4.28	19	4.10	8	4.10
c	8	3.96	18	3.90	19	3.84

如表 4-3 所示,按方案一,不同评价角色认为必要程度最高的前三项评价管控措施具有一定一致性,也呈现出一定差异。比如,18 号措施"降低行政部门对学术成果评价的干预程度"均被三类角色共同认可为"必要程度位列前三名";8 号措施"建立并完善评价利益相关者回避机制和监督机制"和 19 号措施"进一步完善人文社科成果的评价指标体系"被 b 和 c 两类角色认可为"必要程度位列前三名";1 号措施"调节评价管理政策的学术性与

— 83 —

利益化之间的矛盾"和 7 号措施"加强评价过程的公开性和透明性及其监督机制"只被角色 a 认可为"必要程度位列前三名"。

表 4-4 按方案一管控措施必要程度得分均值后三名

评价角色	最不必要措施第 1 名		最不必要措施第 2 名		最不必要措施第 3 名	
	编号	得分均值	编号	得分均值	编号	得分均值
a	4	2.35	2	2.99	29	3.04
b	2	2.05	4	2.14	29	2.27
c	4	1.62	2	2.12	29	2.62

如表 4-4 所示，不同评价角色认为必要程度最低的评价管控措施一致较高。三类角色一致认为 4 号措施"加大主观定性评价指标比重，降低量化指标比重"、29 号措施"通过软件、工具辅助控制同行专家的主观随意性"和 2 号措施"构建并推进有效的成果大众评价机制"是必要程度最低的三项措施。

2. 按方案二对不同角色的管控措施必要程度得分均值进行分析

按方案二对不同评价角色的管控措施必要程度得分均值进行分类排序，结果如图 4-3 所示。

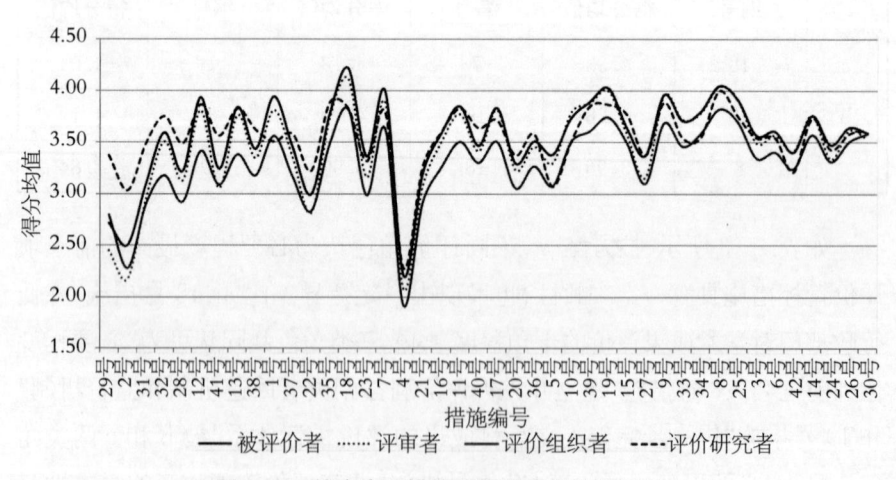

图 4-3 按方案二措施必要程度得分均值排序

如图 4-3 所示,四种评价角色对中国人文社科学术评价管控措施必要程度的认识较为一致。可以大体看出,对于大部分问题而言,被评价者认为的措施必要程度最高,评价组织者认为的措施必要程度最低,但两类角色措施必要程度的平均得分只相差 0.25 分,差距很小。

表 4-5 按方案二管控措施必要程度得分均值前三名

评价角色	最有必要措施第 1 名		最有必要措施第 2 名		最有必要措施第 3 名	
	编号	得分均值	编号	得分均值	编号	得分均值
被评价者	18	4.21	8	4.05	19	4.02
评审者	18	4.12	8	4.04	19	4.00
评价组织者	18	3.82	8	3.82	19	3.74
评价研究者	8	4.00	35	3.89	39	3.89

如表 4-5 所示,按方案二,不同评价角色认为必要程度最高的前三项评价管控措施具有一定一致性。其中被评价者、评审者和评价组织者三类角色的认识完全一致,必要程度最高的三项措施依次为 18 号措施"降低行政部门对学术成果评价的干预程度"、8 号措施"建立并完善评价利益相关者回避机制和监督机制"和 19 号措施"进一步完善人文社科成果的评价指标体系"。评价研究者与这三类角色的认识则不同,认为 8 号措施的必要程度最高,其次是 35 号措施"完善并有效推进评审专家随机遴选机制"和 39 号措施"营造重视内容质量的科研管理政策环境和学术环境",说明评价研究者的认识与其他三类角色存在明显差异。这既可能因为评价研究脱离了学术评价的现实,也可能因为评价研究揭示的规律与现象之间有落差。

如表 4-6 所示,按方案二,不同评价角色认为必要程度最低的评价管控措施高度一致,四类角色均认为,4 号措施"加大主观定性评价指标比重,降低量化指标比重"和 2 号措施"构建并推进有效的成果大众评价机制"的必要程度最低和次最低；此外，被评价者、评审者和评价组织者均认为排在必要程度倒数第 3 名的是 29 号措施"通过软件、工具辅助控制同行专家的主观随意性"，只有评价研究者认为倒数第 3 名的措施是 5 号"加强基于'代表作'的同行评议制度"。这种状况再次说明评价研究者对学术评价管控措施的认识，与其他三种评价角色的认识相左。

表 4-6 按方案二管控措施必要程度得分均值后三名

评价角色	最不必要措施第 1 名 编号	得分均值	最不必要措施第 2 名 编号	得分均值	最不必要措施第 3 名 编号	得分均值
被评价者	4	2.21	2	2.50	29	2.71
评审者	4	2.08	2	2.17	29	2.45
评价组织者	4	1.92	2	2.28	29	2.80
评价研究者	4	2.28	2	3.04	5	3.08

4.2 措施必要程度的聚类分析(Ridit)

与评价存在重要问题类似，本次调查所涉及的 42 项评价管控措施的必要程度得分均值也呈现出差异。因此有必要将这些措施按必要程度进行分组，分组结果将比均值分析结果具有更强的可读性和可操作性。聚类分组仍采用 Ridit 方法，对 Ridit 方法的介绍及采用原因详见本书第 3.2 节。

在处理数据时，将 42 项措施的总体得分均值作为"参照组"计算 R 值。因所有受访者无差别地填写第 20 题，且根据第 4.1 节的得分均值分析，评价角色对管控措施的认识差异较小，因此不再对各类角色进行分别聚类分析。在判断分组结果时，仍不可避免地具有"主观性"。本书并未参照 R 值差异显著性确定分组，而是结合实际需要根据 R 值置信区间图所示的差异确定分组结果。

采用 Ridit 方法对 42 项评价管控措施的必要程度进行聚类,结果如图 4-4 所示。

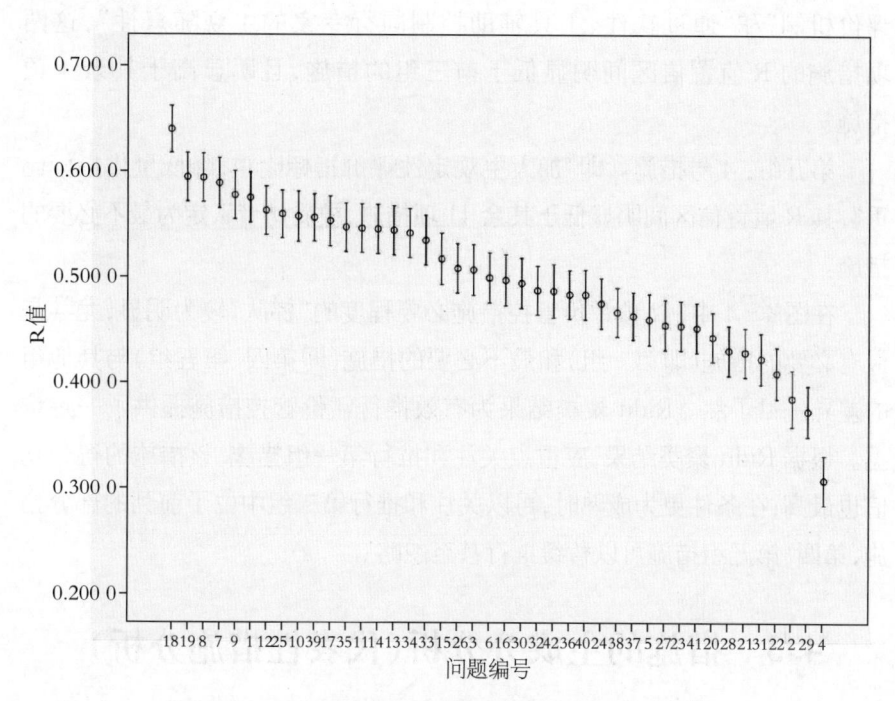

图 4-4 按管控措施必要程度的 Ridit 聚类结果

如图 4-4 所示,按受访者认为的评价管控措施必要程度,可将 42 项措施大体分为五组。

第一组:18 号措施。即"降低行政部门对学术成果评价的干预程度",其 R 值置信区间明显高于其他 41 项措施,得分均值也最高,被受访者认定为最有必要的措施。

第二组:图 4-4 所示的从 19 号至 33 号共 16 项措施(从左至右)。这些措施的 R 值置信区间虽然明显低于 18 号措施,但又明显高于其他 25 项措施,是受访者认为必要程度仅次于第一组的措施。

第三组:图 4-4 所示的从 15 号至 22 号共 22 项措施(从左至右)。这些措施的 R 值置信区间明显低于前两组的 17 项措施,且明显高于其余 3 项措施,在受访者眼里必要程度居中。

第四组:2 号和 29 号共 2 项措施。即"构建并推进有效的成果大众评价机制"和"通过软件、工具辅助控制同行专家的主观随意性",这两项措施的 R 值置信区间明显低于前三组的措施,且明显高于其余 4 项措施。

第五组:4 号措施。即"加大主观定性评价指标比重,降低量化指标比重",其 R 值置信区间明显低于其余 41 项措施,被受访者认定为最不必要的措施。

在图 4-4 中,42 项评价管控措施必要程度的"梯队"较为明显,尤其是最有必要的措施(即第一组)和最不必要的措施(即第四、第五组)与其他组的差异一目了然。Ridit 聚类结果为有效推行评价管控措施提供了一定依据。根据 Ridit 聚类结果,应重点关注和推行第一组措施,该措施的得分均值也最高;在条件更为成熟时,可以关注和推行第二组中位于前列的部分措施,第四、第五组措施可以暂缓推行甚至忽略。

4.3 措施的主成分分析(代表性措施分析)

依据受访者对第 20 题所列 42 项管控措施(见附录 2)必要程度的打分,通过主成分分析法(PCA)对这些措施的必要程度进行了主成分分析,将其重新组合成一组相互无关的综合变量,从中提取几个主要的综合变量,较为简洁地反映原始措施必要程度的信息。主成分分析法的原理介绍详见本书第 3.3 节。

在 SPSS 中运用主成分分析方法分析得到 KMO 指标为 0.953,表明非常适宜用主成分分析方法;Bartlett 的球形度检验在 0.001 上显著,说明 42 项措施必要程度变量相互之间不独立,可以用主成分分析实现降维,从而减少变量数量,具体数据如表 4-7 所示。

表 4-7　42项措施必要程度的主成分特征值及解释的总方差

成分	初始特征值			提取平方和载入		
	特征值	方差比率/%	累积率/%	特征值	方差比率/%	累积率/%
1	19.231	45.788	45.788	19.231	45.788	45.788
2	2.628	6.258	52.045	2.628	6.258	52.045
3	1.533	3.651	55.696	1.533	3.651	55.696
4	1.309	3.117	58.814	1.309	3.117	58.814
5	1.214	2.892	61.705	1.214	2.892	61.705
6	1.199	2.855	64.560	1.199	2.855	64.560
7	1.016	2.419	66.979	1.016	2.419	66.979
8	0.953	2.269	69.248	—	—	—
9	0.844	2.010	71.258	—	—	—
10	0.831	1.979	73.237	—	—	—
11	0.821	1.955	75.192	—	—	—
12	0.717	1.708	76.900	—	—	—
13	0.664	1.581	78.480	—	—	—
14	0.620	1.476	79.957	—	—	—
15	0.594	1.415	81.372	—	—	—
16	0.571	1.359	82.731	—	—	—
17	0.547	1.302	84.033	—	—	—
18	0.504	1.199	85.232	—	—	—
19	0.456	1.085	86.316	—	—	—

(续表)

成分	初始特征值			提取平方和载入		
	特征值	方差比率/%	累积率/%	特征值	方差比率/%	累积率/%
20	0.441	1.051	87.367	—	—	—
21	0.419	0.999	88.366	—	—	—
22	0.388	0.924	89.290	—	—	—
23	0.364	0.867	90.157	—	—	—
24	0.359	0.856	91.013	—	—	—
25	0.328	0.782	91.794	—	—	—
26	0.310	0.738	92.532	—	—	—
27	0.295	0.703	93.235	—	—	—
28	0.286	0.682	93.917	—	—	—
29	0.276	0.656	94.573	—	—	—
30	0.252	0.601	95.174	—	—	—
31	0.246	0.586	95.760	—	—	—
32	0.216	0.515	96.275	—	—	—
33	0.208	0.495	96.770	—	—	—
34	0.196	0.466	97.235	—	—	—
35	0.184	0.437	97.673	—	—	—
36	0.170	0.406	98.078	—	—	—
37	0.159	0.378	98.456	—	—	—
38	0.149	0.354	98.810	—	—	—

4 人文社科成果评价关键管控措施分析

(续表)

成分	初始特征值			提取平方和载入		
	特征值	方差比率/%	累积率/%	特征值	方差比率/%	累积率/%
39	0.142	0.338	99.148	—	—	—
40	0.135	0.321	99.469	—	—	—
41	0.117	0.277	99.747	—	—	—
42	0.106	0.253	100.000	—	—	—

根据初始特征值大于1的原则,SPSS提取了7个主成分,累积解释的总方差达到67.00%,可以较好地反映原来42项措施必要程度变量包含的信息。

表4-8 42项措施必要程度变量的主成分分析成分矩阵

措施编号	主成分						
	1	2	3	4	5	6	7
1	0.519	0.274	0.044	0.167	0.024	−0.091	0.071
2	0.430	−0.239	0.221	0.519	0.075	−0.028	−0.207
3	0.599	0.157	−0.051	0.332	−0.141	0.329	−0.037
4	0.409	0.121	0.037	0.448	0.474	0.114	0.312
5	0.522	0.352	0.141	0.314	0.206	0.091	0.264
6	0.651	0.280	−0.256	0.201	−0.226	−0.095	0.079
7	0.672	0.320	−0.201	0.202	−0.197	−0.272	0.039
8	0.682	0.409	−0.160	0.128	−0.247	−0.215	0.110
9	0.718	0.354	−0.188	0.099	−0.178	−0.240	0.062

（续表）

措施编号	主成分						
	1	2	3	4	5	6	7
10	0.509	0.163	0.165	−0.158	0.046	0.474	0.186
11	0.762	0.252	−0.012	−0.123	0.182	−0.112	−0.096
12	0.785	0.160	0.005	−0.083	0.251	−0.187	−0.140
13	0.765	0.192	0.066	−0.106	0.252	−0.130	−0.173
14	0.659	0.088	0.076	−0.153	0.030	0.133	−0.130
15	0.724	−0.068	0.211	−0.046	0.202	−0.068	−0.132
16	0.784	−0.044	−0.100	−0.048	0.137	−0.086	−0.209
17	0.694	0.145	−0.221	0.012	0.162	0.178	−0.251
18	0.532	0.279	−0.091	−0.002	0.202	0.172	−0.393
19	0.697	0.158	−0.185	−0.038	−0.285	0.129	−0.217
20	0.713	−0.368	−0.190	−0.063	0.019	−0.057	−0.110
21	0.680	−0.452	−0.271	−0.092	−0.029	−0.053	−0.011
22	0.662	−0.483	−0.286	−0.004	−0.022	0.048	0.115
23	0.669	−0.193	−0.360	−0.090	0.217	0.155	0.191
24	0.726	−0.268	−0.224	−0.076	0.170	−0.005	0.097
25	0.730	0.184	−0.229	−0.178	0.022	0.192	0.038
26	0.743	−0.182	−0.197	−0.101	−0.050	0.094	0.126
27	0.726	−0.154	−0.100	0.023	0.034	−0.192	0.141
28	0.737	−0.350	−0.092	0.057	0.052	−0.001	0.131

(续表)

措施编号	主成分						
	1	2	3	4	5	6	7
29	0.541	−0.489	0.099	0.186	−0.097	0.141	0.005
30	0.733	0.035	0.021	−0.033	−0.143	0.075	0.053
31	0.681	−0.290	0.229	0.143	−0.007	−0.094	0.001
32	0.802	0.029	0.185	−0.092	0.041	−0.184	0.005
33	0.716	0.121	0.304	−0.215	−0.046	0.154	0.287
34	0.703	0.184	0.191	−0.271	−0.199	0.201	0.171
35	0.704	0.161	0.245	−0.111	−0.242	−0.023	−0.039
36	0.673	−0.161	0.311	−0.115	0.031	−0.175	−0.012
37	0.778	−0.100	0.350	−0.095	0.069	−0.210	0.039
38	0.709	−0.153	0.247	−0.060	−0.085	−0.178	0.071
39	0.716	0.245	0.023	−0.184	0.050	0.079	−0.020
40	0.731	−0.234	0.084	0.040	−0.219	−0.036	0.026
41	0.643	−0.310	0.141	0.173	−0.260	0.131	−0.118
42	0.508	−0.043	0.184	0.217	−0.145	0.312	−0.277

表4-8的成分矩阵显示了提取的7个主成分与原来的42项措施必要程度变量之间的相关系数。为了清晰地表现与7个主成分相关关系较大的措施必要程度变量，经测算(测算原则与第3.3节相同)，当基准值选择为0.360时,7个主成分分别有42、5、1、2、1、1、1项措施必要程度变量显示,可满足需要。

表 4-9　42 项措施必要程度经基准值调整后的成分矩阵

措施编号	主成分						
	1	2	3	4	5	6	7
1	0.519	—	—	—	—	—	—
2	0.430	—	—	**0.519**	—	—	—
3	0.599	—	—	—	—	—	—
4	0.409	—	—	**0.448**	**0.474**	—	—
5	0.522	—	—	—	—	—	—
6	0.651	—	—	—	—	—	—
7	0.672	—	—	—	—	—	—
8	0.682	0.409	—	—	—	—	—
9	0.718	—	—	—	—	—	—
10	0.509	—	—	—	—	**0.474**	—
11	**0.762**	—	—	—	—	—	—
12	0.785	—	—	—	—	—	—
13	0.765	—	—	—	—	—	—
14	0.659	—	—	—	—	—	—
15	0.724	—	—	—	—	—	—
16	**0.784**	—	—	—	—	—	—
17	0.694	—	—	—	—	—	—
18	0.532	—	—	—	—	—	**−0.393**
19	0.697	—	—	—	—	—	—
20	0.713	−0.368	—	—	—	—	—

(续表)

措施编号	主成分						
	1	2	3	4	5	6	7
21	0.680	−0.452	—	—	—	—	—
22	0.662	−0.483	—	—	—	—	—
23	0.669	—	−0.360	—	—	—	—
24	0.726	—	—	—	—	—	—
25	0.730	—	—	—	—	—	—
26	0.743	—	—	—	—	—	—
27	0.726	—	—	—	—	—	—
28	0.737	—	—	—	—	—	—
29	0.541	−0.489	—	—	—	—	—
30	0.733	—	—	—	—	—	—
31	0.681	—	—	—	—	—	—
32	**0.802**	—	—	—	—	—	—
33	0.716	—	—	—	—	—	—
34	0.703	—	—	—	—	—	—
35	0.704	—	—	—	—	—	—
36	0.673	—	—	—	—	—	—
37	0.778	—	—	—	—	—	—
38	0.709	—	—	—	—	—	—
39	0.716	—	—	—	—	—	—
40	0.731	—	—	—	—	—	—

(续表)

措施编号	主成分						
	1	2	3	4	5	6	7
41	0.643	—	—	—	—	—	—
42	0.508	—	—	—	—	—	—
显示措施变量数量	42	5	1	2	1	1	1

为更清晰地表现各个主成分的意义，尤其是主成分1、2分别与42号、5号措施变量有较高相关，选择每个主成分中相关系数绝对值前三的措施必要程度变量，将其相关系数在表4-9中加粗显示。对于在多个主成分上均有加粗显示的措施必要程度变量，只表现在其相关系数绝对值最大的主成分中。据此，主成分1上有措施必要程度变量32号措施"完善并推行评价申诉机制及其监督机制"，12号措施"建立并完善学术评价结果反馈机制"，16号措施"建立评价科学性与可操作性的调节机制"；主成分2上有措施必要程度变量29号措施"通过软件、工具辅助控制同行专家的主观随意性"，22号措施"培训评审专家培训，使其更好地理解和操作评价体系"，21号措施"培训科研管理部门合理应用外在量化指标"；主成分3上有措施必要程度变量23号措施"强化弹性的学术成果评价机制"；主成分4上有措施必要程度变量2号措施"构建并推进有效的成果大众评价机制"；主成分5上有措施必要程度变量4号措施"加大主观定性评价指标比重，降低量化指标比重"；主成分6上有措施必要程度变量10号措施"建立并完善评审过程中参评专家信息保密机制"；主成分7上有措施必要程度变量18号措施"降低行政部门对学术成果评价的干预程度"。

按照主成分分析结果，可以根据上述7个主成分所属的措施集，较为全面地了解、分析当前中国人文社科学术评价管控措施的必要程度。同时这7个主成分中的11个主要变量（即2号、4号、10号、11号、16号、18号、21

号、22号、23号、29号、32号措施对应的变量)在42个变量中发挥了相对重要的作用,具有典型性。典型性即具有较强的代表意义。由于评价管控措施纷繁复杂,在未来的评价研究和实践中出于简化需要可以这些措施代替全体措施,以降低研究和实践的复杂性,提升可操作性。

4.4 最有必要措施得票数分析

问卷中第22题(见附录2)调查了受访者对评价管控措施中最有必要措施的认识情况,每位受访者可填写3个最有必要的措施编号。该题有效样本数量为512份,每个样本填写3项最有必要措施。在统计最有必要措施得票次数之前,我们将第21题中的填空内容也进行了规整,部分归纳到了第20题的对应问题中,少部分保留,但得票次数不集中,因此不再进行分析,本节统计的总有效票数为1277票。

4.4.1 总体分析

按照如上规则,对第22题中提名的最有必要措施得票次数进行了排序,结果如图4-5所示。得票次数越高表示该措施必要程度越高,越低表示该措施必要程度越低。某序号措施的得票次数即为(规整后)第22题中该序号措施的总得票数量。

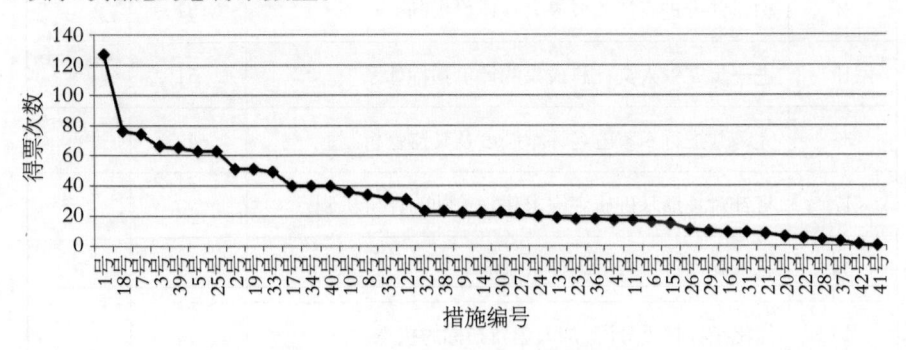

图4-5 最有必要措施得票总数排序

图 4-5 显示,42 项措施中,除了 41 号措施以外,都被部分受访者提名为"最有必要的三项管控措施之一"。其中,得票次数最高的为 1 号措施"调节评价管理政策的学术性与利益化之间的矛盾",得票总数为 127,明显高于第 2 名 18 号措施的 76 票;除了 41 号措施"在创新性评价中弱化主观判断,实行举证机制"无人提名外,42 号措施"建立并推行人文社科成果查新机制"的得票次数最低,仅得到 1 票。

42 项措施的得票次数和排名详细数据如表 4-10 所示。

表 4-10 最有必要措施得票次数及排序

措施编号	措施描述	得票次数	排名
1	调节评价管理政策的学术性与利益化之间的矛盾	127	1
18	降低行政部门对学术成果评价的干预程度	76	2
7	加强评价过程的公开性和透明性及其监督机制	74	3
3	加大对学术评价创新和质量导向的管理力度	66	4
39	营造重视内容质量的科研管理政策环境和学术环境	65	5
5	加强基于"代表作"的同行评议制度	63	6
25	强化学术成果评价的内容质量导向	63	6
2	构建并推进有效的成果大众评价机制	51	7
19	进一步完善人文社科成果的评价指标体系	51	7
33	完善并推行专家匿名评审制度及其监督机制	49	8
17	将针对长期基础研究需求建立单独的评价机制	40	9
34	完善并推行作者匿名评审制度	40	9
40	优化指标权重分配,加大创新指标的权重	40	9

（续表）

措施编号	措施描述	得票次数	排名
10	建立并完善评审过程中参评专家信息保密机制	36	10
8	建立并完善评价利益相关者回避机制和监督机制	34	11
35	完善并有效推进评审专家随机遴选机制	32	12
12	建立并完善学术评价结果反馈机制	31	13
32	完善并推行评价申诉机制及其监督机制	23	14
38	细化分类评价,强化同类比较	23	14
9	建立并完善评价组织者监督和管理机制	22	15
14	建立规模大、信息全、更新及时的评审专家数据库	22	15
30	推广创新导向科研管理政策并营造相应学术环境	22	15
27	提高描述评审意见的详细程度	21	16
24	强化基于多种评价目的、主体和方法多元评价机制	20	17
13	建立对创新性较强成果的评审复议机制	19	18
23	强化弹性的学术成果评价机制	18	19
36	完善成果评价国际化与本土化标准的调节机制	18	19
4	加大主观定性评价指标比重,降低量化指标比重	17	20
11	建立并完善同行评议结果复查机制	17	20
6	加强学术评价管理政策的制定和完善工作	16	21
15	建立开放的成果同行评议平台和评价数据资源建设	15	22
26	设置科学性与可行性并重的评价程序和细则	11	23

(续表)

措施编号	措施描述	得票次数	排名
29	通过软件、工具辅助控制同行专家的主观随意性	10	24
16	建立评价科学性与可操作性的调节机制	9	25
31	推进成果形式规范的标准化,降低形式评价需求	9	25
21	培训科研管理部门合理应用外在量化指标	8	26
20	培训并监督科研管理部门合理应用文献计量指标	6	27
22	培训评审专家,使其更好地理解和操作评价体系	5	28
28	通过培训或吸纳评价专家加强评价组织者建设	4	29
37	完善评价结果争议的协调机制	3	30
42	建立并推行人文社科成果查新机制	1	31
41	在创新性评价中弱化主观判断,实行举证机制	0	32

从图4-5和表4-10还可看出,最有必要措施得票次数分为几档,且各档之间差距较大:1号措施显著高于其他措施的得票数,比第2名18号措施的得票数多51票;2~8名共9项措施,票数处于49~76票之间,处于第二档;9~13名措施的得票票数处于31~40票之间,处于第三档;14~24名措施的票数处于10~23票之间,处于第四档;25~32名措施均不超过10票,处于第五档。

如表4-10所示,在最有必要措施得票次数的分析中,1号措施虽然在必要程度得分均值中仅位居第7名(见第4.1.1节),但在最有必要措施得票次数的统计中却以明显优势跃居为第1名;18号措施"降低行政部门对学术成果评价的干预程度"和7号措施"加强评价过程的公开性和透明性及其监督机制",也以明显优势位居第二、三位。这三项措施的得票次数均超过70票。

得票次数越高的措施,越应该受到重视,因为这些措施被更多的人文社科工作者视为最有必要的措施。

4.4.2 评价要素分析

问卷中的第 22 题涉及的 42 项措施是按照评价要素进行梳理的,依次与评价主体、评价对象、评价标准与指标、评价管理政策与学术环境、评价目标与理念、评价方法与工具或评价程序有关。具体对应关系详见本书附录 1。

对围绕不同评价要素措施的平均得票次数和该要素中最有必要的措施进行了统计,如表 4-11 所示。

表 4-11 不同评价要素最有必要措施得票情况对比

评价 要素	该要素 得票平 均数	该要素中得票次数最多的措施		
^	^	措施编号	措施描述	得票次数
评价管理政策与 学术环境	49.14	1	调节评价管理政策的学术性与利益化之间的矛盾	127
评价 目标与理念	36.75	3	加大对学术评价创新和质量导向的管理力度	66
评价程序	35.29	7	加强评价过程的公开性和透明性及其监督机制	74
评价对象	29.50	25	强化学术成果评价的内容质量导向	63
评价 方法与工具	29.33	5	加强基于"代表作"的同行评议制度	63
评价主体	23.11	2	构建并推进有效的成果大众评价机制	51
评价 标准与指标	15.63	19	进一步完善人文社科成果的评价指标体系	51

某要素问题的平均得票平均数等于第22题中与某要素相关措施的得票数量之和除以这些措施的有效样本数量。

表4-11显示,与"评价管理政策与学术环境"相关的最有必要措施得票平均数最高,为49.14票,明显高于其他评价要素。这一结论与措施必要程度得分均值的分析结果一致,且如表4-10所示,前五个得票最多的最有必要措施中,有三项措施(1号、18号、39号)都与这一要素密切相关,再次说明与其他要素相比,中国人文社科学术评价的管控措施中,"评价管理政策与学术环境"方面的措施必要程度相对更高,在开展评价管控时,应重点关注这一要素。此外,"评价目标与理念""评价程序""评价对象""评价主体""评价方法与工具"五个要素相关的措施中,最有必要措施得票次数也较高,处于23~37票之间;"评价标准与指标"相关的管控措施,最有必要措施得票次数明显少于其他六个要素,为15.63票,说明其措施必要程度明显较低。

表4-11还显示了各要素中最有必要措施得票总数最多的措施:"评价管理政策与学术环境"方面得票最多的仍然是1号措施"调节评价管理政策的学术性与利益化之间的矛盾",与"必要程度得分均值"的分析结论(18号措施)不同;"评价目标与理念"方面得票最多的是3号措施"加大对学术评价创新和质量导向的管理力度",与"必要程度得分均值"的分析结论(17号措施)不同;"评价程序"方面得票最多的是7号措施"加强评价过程的公开性和透明性及其监督机制",与"必要程度得分均值"的分析结论一致;"评价对象"方面得票最多的是25号措施"强化学术成果评价的内容质量导向",与"必要程度得分均值"的分析结论一致;"评价方法与工具"方面得票最多的是5号措施"加强基于'代表作'的同行评议制度",与"必要程度得分均值"的分析结论一致;"评价主体"方面得票最多的是2号措施"构建并推进有效的成果大众评价机制",与"必要程度得分均值"的分析结论(8号措施)不同;"评价标准与指标"方面得票最多的是19号措施"进一步完善人文社科成果的评价指标体系",与"必要程度得分均值"的分析结论一致。

4.4.3 评价角色分析

根据受访者对问卷第 6 题的评价角色选择情况(题目见附录 2),可以设定两种方案(方案介绍详见第 4.1.3 节,即角色多选情况和角色拆分情况),对学术评价管控最有必要措施投票次数,进行分别排序和对比分析。

1. 按方案一对不同角色的最有必要措施投票次数进行分析

按方案一对不同评价角色的最有必要措施投票次数进行分类排序,结果如图 4-6 所示。

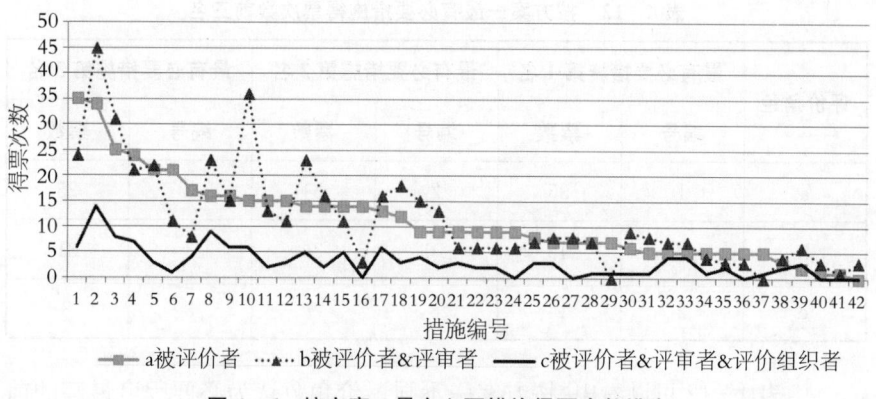

图 4-6 按方案一最有必要措施得票次数排序

如图 4-6 所示,三种评价角色对改进中国人文社科学术评价管控的最有必要措施的认识不同。

首先,三种评价角色对最有必要措施得票次数的波动区间差异较为明显:c 角色对 42 项措施必要程度的得票次数波动区间明显最小,最大值和最小值的差距为 14 票,明显小于 a 角色的 35 票和 b 角色的 45 票。换句话说,当受访者身份仅为被评价者或同时兼具被评价者和评审者身份时,对最有必要管控措施的认识集中在少部分问题上,当受访者同时具备评价者、评审者和评价组织者三种身份时,投票则相对分散。

其次,不同评价角色对最有必要措施的认识存在差异,"a 被评价者"投票最多的是1号措施"调节评价管理政策的学术性与利益化之间的矛盾"。1号措施在得分均值中位居第7位(见第4.1.1节),在总体得票中也位居第1位(见第4.4.1节)。"b被评价者&评审者"和"c被评价者&评审者&评价组织者"投票最多的则是2号措施"构建并推进有效的成果大众评价机制"。2号措施在得分均值中仅位居倒数第2位(见第4.1.1节),在总体得票中则位居第8位(见第4.4.1节),且2号措施对应的问题严重程度也不高(见第3章),说明不同统计方式得出的结论差异较大。

"最有必要措施"得票次数最高的前三项措施和得票总数如表4-12所示。

表4-12 按方案一最有必要措施得票次数前三名

评价角色	最有必要措施第1名		最有必要措施第2名		最有必要措施第3名	
	编号	票数	编号	票数	编号	票数
a	1	35	2	34	3	25
b	2	45	10	36	3	31
c	2	14	8	9	3	8

由表4-12可以看出,按方案一不同评价角色认为必要程度最高的前三项评价管控措施一致性较高,但也呈现出一定差异。比如,2号措施"构建并推进有效的成果大众评价机制"和3号措施"加大对学术评价创新和质量导向的管理力度"均被三类角色一致投票为最有必要措施前三名;1号措施"调节评价管理政策的学术性与利益化之间的矛盾"、8号措施"建立并完善评价利益相关者回避机制和监督机制"和10号措施"建立并完善评审过程中参评专家信息保密机制"则仅被其中一类角色投票为最有必要措施前三名。

2. 按方案二对不同角色的最有必要措施投票次数进行分析

按方案二对不同评价角色的最有必要措施投票次数进行分类排序,结果如图4-7所示。

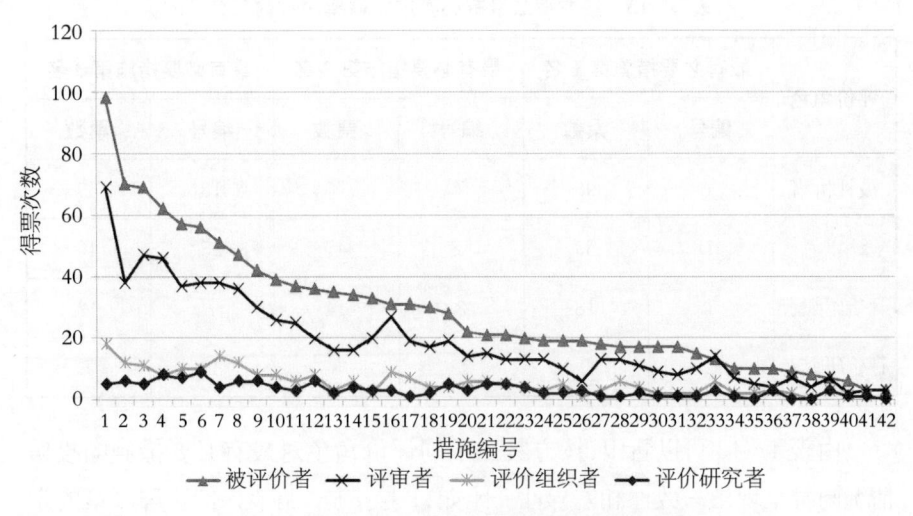

4 人文社科成果评价关键管控措施分析

图 4-7 按方案二最有必要措施得票次数排序

如图 4-7 所示,四种评价角色对中国人文社科学术评价管控的最有必要措施的认识存在不同:被评价者和评审者对 42 项措施必要程度的得票次数波动区间较大,最大值和最小值的差距依次为 95 票和 67 票;评价组织者和评价研究者的得分均值波动区间明显相对较小,最大值和最小值的差距依次仅为 18 票和 9 票。换句话说,被评价者和评审者对最有必要措施的投票相对集中在少部分措施上,评价组织者和评价研究者的投票则相对分散。

其次,不同评价角色对最有必要措施的认识一致程度较高,被评价者、评审者和评价组织者对最有必要措施投票最多的均是 1 号措施"调节评价管理政策的学术性与利益化之间的矛盾";评价研究者投票最多的则是 5 号措施"加强基于'代表作'的同行评议制度"。1 号措施在得分均值中位居第 7 位,在总体得票中和方案一的得票次数分析中位居第 1 位,不同统计分析方法结论较为一致;5 号措施在得分均值中位居第 32 位(见第 4.1.1 节),在总体得票中位居第 6 位(见第 4.4.1 节),不同统计方式得出的结论差异较大。

最有必要措施得票次数最高的前三项措施和得票总数如表 4-13 所示。

— 105 —

表 4-13　按方案二最有必要措施得票次数前三名

评价角色	最有必要措施第 1 名		最有必要措施第 2 名		最有必要措施第 3 名	
	编号	票数	编号	票数	编号	票数
被评价者	1	98	7	70	18	69
评审者	1	69	18	47	25	46
评价组织者	1	18	3	14	7	12
评价研究者	2	9	25	8	39	7

由表 4-13 可以看出，按方案二不同评价角色对最有必要措施的投票情况同时呈现出一致性和差异性。比如，1 号措施"调节评价管理政策的学术性与利益化之间的矛盾"被其中三类角色投票为最有必要措施前三名；7 号措施"加强评价过程的公开性和透明性及其监督机制"、18 号措施"降低行政部门对学术成果评价的干预程度"和 25 号措施"强化学术成果评价的内容质量导向"被其中两类角色投票为最有必要措施前三名；2 号措施"构建并推进有效的成果大众评价机制"、3 号措施"加大对学术评价创新和质量导向的管理力度"和 39 号措施"营造重视内容质量的科研管理政策环境和学术环境"则仅被其中一种评价角色投票为最有必要措施前三名。

4.5　本 章 小 结

整体来说，受访者认为问卷所提出的 42 项"人文社科学术评价的管控措施"都是"必要的"，必要程度的平均得分均为正数（负数表示"不必要"）。但不同评价要素、评价角色、性质的管控措施，其必要程度存在差异。本章分析得出如下基本结论。

第一，总体上，当前中国人文社科学术评价的管控措施中最有必要的措施包括如下 5 项（限于问卷涉及的 42 项措施范围内，按序号顺序而非必要程度排列）。

(1) 1号措施"调节评价管理政策的学术性与利益化之间的矛盾"(按得票次数统计法)。

(2) 7号措施"加强评价过程的公开性和透明性及其监督机制"(按得分均值法和Ridit聚类法)。

(3) 9号措施"建立并完善评价组织者监督和管理机制"(按得分均值法、Ridit聚类法和得票次数统计法)。

(4) 18号措施"降低行政部门对学术成果评价的干预程度"(按得分均值法、Ridit聚类法和得票次数统计法)。

(5) 19号措施"进一步完善人文社科成果的评价指标体系"(按得分均值法和Ridit聚类法)。

第二,总体上,虽然已有研究和我们主观假设认为有些管控措施较为必要,但是本次调查显示,如下7项措施在众多中国人文社科学术评价的管控措施中必要程度相对较低。

(1) 2号措施"构建并推进有效的成果大众评价机制"(按得分均值法和Ridit聚类法)。

(2) 4号措施"加大主观定性评价指标比重,降低量化指标比重"(按得分均值法和Ridit聚类法)。

(3) 22号措施"培训评审专家,使其更好地理解和操作评价体系"(按得分均值法、Ridit聚类法和得票次数统计法)。

(4) 29号措施"通过软件、工具辅助控制同行专家的主观随意性"(按得分均值法和Ridit聚类法)。

(5) 31号措施"推进成果形式规范的标准化,降低形式评价需求"(按得分均值法和Ridit聚类法)。

(6) 41号措施"在创新性评价中弱化主观判断,实行举证机制"(按得票次数统计法)。

(7) 42号措施"建立并推行人文社科成果查新机制"(按得票次数统计法)。

第三,根据主成分分析结果,如下11项措施在当前中国人文社科学术评价管控措施中具有典型性,即具有较强的代表意义,在未来的评价研究和实践中出于简化需要可以用这些措施代替全体措施(此处全体措施限于问卷涉及的42项措施范围内,如下问题按序号顺序而非严重程度排列)。

(1) 2号措施"构建并推进有效的成果大众评价机制"。

(2) 4号措施"加大主观定性评价指标比重,降低量化指标比重"。

(3) 10号措施"建立并完善评审过程中参评专家信息保密机制"。

(4) 11号措施"建立并完善同行评议结果复查机制"。

(5) 16号措施"建立评价科学性与可操作性的调节机制"。

(6) 18号措施"降低行政部门对学术成果评价的干预程度"。

(7) 21号措施"培训科研管理部门合理应用外在量化指标"。

(8) 22号措施"培训评审专家,使其更好地理解和操作评价体系"。

(9) 23号措施"强化弹性的学术成果评价机制"。

(10) 29号措施"通过软件、工具辅助控制同行专家的主观随意性"。

(11) 32号措施"完善并推行评价申诉机制及其监督机制"。

第四,"评价管理政策和学术环境"方面的管控措施,如降低行政干预、减少评价的利益化等,明显比其他评价要素方面的管控措施更为必要;"评价标准与指标"和"评价方法工具"方面的措施,如完善指标体系、改进网络评估软件等,明显比其他评价要素方面的措施必要程度更低。

第五,针对同一评价管控措施的必要程度,被评价者、评审者和评价组织者三类受访者的认识一致程度较高、差异较小。例如,三类角色得分均值均显示18号措施的必要程度最高。然而,评价研究者的认识,与被评价者、评审者和评价组织者略有差异,比如,评价研究者认为得分均值最高的是8号措施,而非其他角色认为的18号措施,最有必要措施投票最多的是2号措施,而非其他角色投票最多的1号措施。是评价研究脱离实际、还是评价研究切实反映了"假象"背后的规律,这点应引起关注并对其原因进行深入探讨。

第六,运用不同统计分析方法得出的部分结论出现了较大偏差,不同评价角色对同一管控问题与相应管控措施的认识也存在较大偏差,其深层原因值得进一步研究。比如2号措施"构建并推进有效的成果大众评价机制"和5号措施"加强基于'代表作'的同行评议制度",其对应问题的严重程度较低、措施必要程度的得分均值也不高,但最有必要措施的投票数分析则显示出这两项措施的必要程度很高。

通过本章上述分析大体可以看出,涉及人文社科学术评价体系的整体性、框架性管控措施被各类受访者视为亟待改进的方面;而在评价指标权重、工具辅助及大众参与等具体微观层面的管控措施,受访者认为其必要性和迫切性相对较弱。在资源有限的情况下,构建和推行中国人文社会科学学术评价管控机制时,应结合更有针对性的研究结果,重点关注那些更有必要的措施,暂缓推行那些相对不太必要的措施。

5 不同评价角色对评价管控问题和措施的认识差异分析

根据本书第3章和第4章的分析：从"得分均值"来看，被评价者、评审者、评价组织者和评价研究者四种评价角色，对中国人文社科学术成果评价存在重要问题的严重程度认识差异较大，但对评价管控措施必要程度的认识差异不明显；从"得票次数"分析来看，不同评价角色对问题严重程度的认识也存在差异，对于管控措施的必要程度，评价研究者的认识与其他三类角色呈现出差异，其他三类角色的认识则较为一致。那么，不同评价角色的认识之间存在差异的现象是偶然的还是规律性的？哪些差异是显著的、哪些差异不那么显著？哪类角色的认识更为符合客观实际？本章拟采用均值差异检验法和相关分析法，对这些问题进行深入分析。

鉴于涉及的评价角色类型超过2个、涉及的评价存在重要问题为32个、管控措施为42项，数量均较多，属于多样本分析，所以采用方差分析方法(analysis of variance, ANOVA)，先判断不同评价角色对评价存在重要问题或管控措施的认识是否存在著差异，再通过事后检验对存在差异的评价角色进行两两比较。当各组数据方差为齐性时，将采用最小显著性差异法(least significant difference, LSD)进行事后两两比较，因为LSD方法的检验敏感性较高，但它的不足是未对犯一类错误的概率问题加以有效控制；当各组数据方差不齐时，有三种解决方法，一是转换为齐性数据，二是采用Tamhane's等方法进行模糊检验，三是采用非参数检验。其中，第一种方法可操作性差，不一定能得到更好的方差齐性数据；第三种方法无法进行事后两两比较，很难得到精确的检验结果；第二种方法能较好地平衡科学性和可行性之间的矛盾，既能得到较精确的结果，又便于操作。因此,本研究选择第二种 Tamhane's 方法进行模糊检验。ANOVA 分析将借助 SPSS 进行。

方差分析又称"变异数分析"或"F 检验",是 R. A. 费雪(R. A. Fisher)发明的,用于两个及两个以上样本均数差别的显著性检验。由于各种因素的影响,研究所得的数据呈现波动状。造成波动的原因可分成两类,一是不可控的随机因素,二是研究中施加的对结果形成影响的可控因素。

方差分析的基本原理是认为不同处理组的均数间的差别基本来源有两个:

(1) 随机误差,如测量误差造成的差异或个体间的差异,称为组内差异,用变量在各组的均值与该组内变量值之偏差平方和的总和表示,记作 SSw,组内自由度 dfw。

(2) 实验条件,即不同的处理造成的差异,称为组间差异。用变量在各组的均值与总均值之偏差平方和表示,记作 SSb,组间自由度 dfb。

总偏差平方和 SSt=SSb+SSw。

组内 SSw、组间 SSb 除以各自的自由度(组内 dfw=$n-m$,组间 dfb=$m-1$,其中 n 为样本总数,m 为组数),得到其均方 MSw 和 MSb,一种情况是处理没有作用,即各组样本均来自同一总体,MSb/MSw≈1。另一种情况是处理确实有作用,组间均方是由于误差与不同处理共同导致的结果,即各样本来自不同总体。那么,MSb≫MSw(远远大于)。

MSb/MSw 比值构成 F 分布。用 F 值与其临界值比较,推断各样本是否来自相同的总体。

方差分析的基本思想是:通过分析研究不同来源的变异对总变异的贡献大小,从而确定可控因素对研究结果影响力的大小。如果用均方(离差平方和除以自由度)代替离差平方和以消除各组样本数不同的影响,则方差分析就是用组间均方去除组内均方的商(即 F 值)与 1 相比较,若 F 值接近 1,则说明各组均值间的差异没有统计学意义,若 F 值远大于 1,则说明各组均值间的差异有统计学意义。实际应用中检验假设成立条件下 F 值大于特定值的概率可通过查阅 F 界值表(方差分析用)获得。

方差分析主要用途：① 均数差别的显著性检验,② 分离各有关因素并估计其对总变异的作用,③ 分析因素间的交互作用,④ 方差齐性检验。

整个方差分析的基本步骤如下：

(1) 建立检验假设。

H_0：多个样本总体均值相等。

H_1：多个样本总体均值不相等或不全等。

检验水准为 0.05。

(2) 计算检验统计量 F 值。

(3) 确定 P 值并做出推断结果。

方差分析的假定条件为：

(1) 各处理条件下的样本是随机的。

(2) 各处理条件下的样本是相互独立的,否则可能出现无法解析的输出结果。

(3) 各处理条件下的样本分别来自正态分布总体,否则使用非参数分析。

(4) 各处理条件下的样本方差相同,即具有齐效性。

方差分析的假设检验。假设有 K 个样本,如果原假设 H_0 样本均数都相同,K 个样本有共同的方差 σ,则 K 个样本来自具有共同方差 σ 和相同均值的总体。如果经过计算,组间均方远远大于组内均方,则推翻原假设,说明样本来自不同的正态总体,且处理造成均值的差异有统计意义,否则承认原假设,样本来自相同总体,处理间无差异。

5.1 不同评价角色对评价存在重要问题的认识差异

在本书第 3 章评价存在重要问题严重程度分析的基础上,本节将通过均值差异检验方法重点回答三个问题：哪些角色认为的评价存在重要问题严重程度存在差异、存在怎样的差异?对于哪些问题的严重程度,不同角色的认识存在差异,对于哪些问题不存在差异?评价角色对哪些问题的认识差异是显著的、哪些不显著?统计分析仍旧基于问卷中第8、11、14、17题的数据(详见附录2)。

评价角色的选择详见附录2的问卷第6题。第8、11、14、17题依据第6题的选择结果,分别由被评价者、评审者、评价组织者和评价研究者四类角色作答。四个题目中题号相同的题目内容一致,只是提问方式不同。受访者的填答项对应严重程度得分(-5～5分共11档),分数越高表示越严重,越低表示越不严重,0表示弃权。

5.1.1 均值差异检验方案说明

根据问卷数据情况,均值差异显著性检验的方案包括如下两种。

方案一:按照受访者对评价角色原始的多选情况进行分类。如某受访者同时选了被评价者、评审者和评价研究者三个评价角色,那么该样本被拆分成三条数据,分别针对其中一个评价角色判断32个问题的严重程度,三条数据对应的评价角色类型都记为"被评价者 & 评审者 & 评价研究者"。具有统计意义的样本类型(各角色原始填答的有效样本数量超过30份,可理解为服从正态分布)共有三种:只选被评价者这一角色的受访者(用"a 被评价者"表示),同时选择被评价者和评审者两类角色的受访者(用"b 被评价者 & 评审者"表示),同时选择被评价者、评审者和评价组织者三类角色的受访者(用"c 被评价者 & 评审者 & 评价组织者"表示)。

这三类角色对32个评价存在重要问题的回答,原始有效样本数量依次为184、183和49份,按方案一规整后的有效样本数量依次为184、366和147份。ANOVA方差分析将在这三类角色之间进行,判断三类角色对评价存在重要问题严重程度的认识差异。

方案二:按照受访者对评价角色的多选情况拆分为多个单选的数据进行统计,只要选择时包含任一角色都拆分为一条针对单一角色的单独数据。

如某受访者同时选择被评价者、评审者和评价研究者三种评价角色,那么该条数据拆分成三条数据,分别针对其中一个评价角色判断 32 个问题的严重程度,三条数据对应的评价角色类型依次记为被评价者、评审者、评价研究者。这样,具有统计意义的样本类型(有效样本数量超过 30 份,可理解为服从正态分布)共有四种:被评价者、评审者、评价组织者和评价研究者四类角色。

四类角色对 32 个评价存在重要问题的回答,有效样本数量依次为 461、301、89 和 53 份。ANOVA 方差分析将在这四类角色的任意交叉组合中进行,判断四类角色对评价存在重要问题严重程度的认识差异。

方案一是当前中国人文社会科学领域学者身份交叉状况的如实反映,这一统计方法有利于反映现实中评价角色的交叉组合状况;方案二将角色多选情况拆分,有利于放大不同评价角色在评价中的立场和认识的差异,使其相互之间的比照更为鲜明。下面将分别阐述方案一和方案二的 ANOVA 检验细节。

5.1.2 方案一:按角色重叠检验问题的均值差异显著性

1. 三种评价角色的问题得分均值和方差总体分析

每类角色的问题严重程度得分均值等于选择该角色的所有样本对相同题号问题的得分总值除以相应的有效样本数量。

按方案一评价角色多选情况对编号为 1~32 号问题的得分均值进行统计,并形成图 5-1 的折线图。

从图 5-1 可大致发现如下规律:

第一,三种评价角色认为的评价存在重要问题严重程度得分均值曲线,走势相似;对于大多数问题,三种评价角色的得分均值差异均不大,只有少部分问题,得分均值差异较大。其中,2 号、6 号、3 号、5 号和 27 号四个问题,三种评价角色的得分均值差异最大,最大值和最小值之间的差异为 2.00~2.84 分;7 号、12 号、21 号、15 号等四个问题,三种评价角色的得分

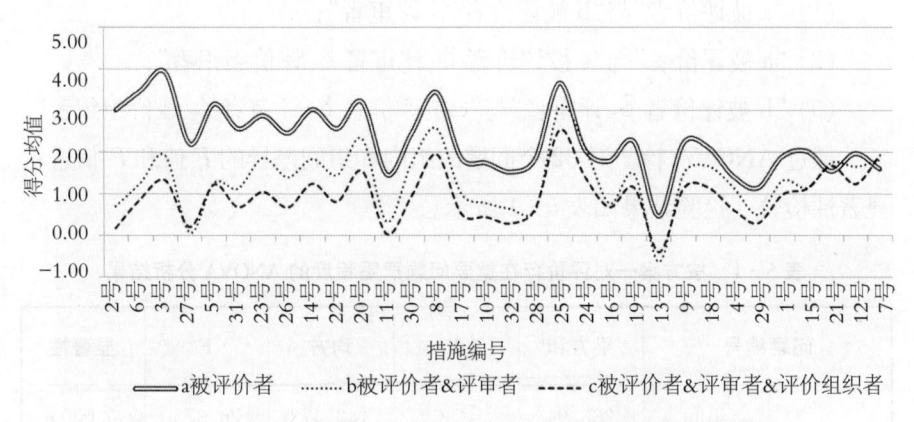

5 不同评价角色对评价管控问题和措施的认识差异分析

图 5-1 按方案一不同评价角色对评价存在重要问题得分均值对比

均值差异最小,最大值和最小值之间的差异为 0.32～0.90 分;其余问题不同评价角色的最大值和最小值之间的差异为 0.9～2 分。差距最大的是 2 号问题"一些评价活动组织部门不专业,缺少理论和方法支撑","a 被评价者"的得分均值是 3.02 分,但"c 被评价者 & 评审者 & 评价组织者"的得分均值是 0.18 分。

第二,总体上,三种评价角色对问题严重程度的得分均值从高到低依次为 a、b、c,即对于同一个问题,通常角色 a 认为的严重程度最高、b 次之、c 最低。换句话说,当学者只作为"被评价者"时所认为的问题严重程度更高,当学者不仅作为"被评价者",同时也兼任"评审者"或"评价组织者"等其他评价角色时,所认为的问题严重程度相对较低。同时,由于得分均值差距不大,三类角色之间的差异性是否显著,很难从均值图上一目了然。

第三,图 5-1 还显示,在个别问题上不符合第二条规律(即 a、b、c 角色认为的严重程度依次递减)。如 21 号问题"当前许多评价活动的理念目标不明确、不正确或不合理",严重程度得分均值从高到低的评价角色依次为 c、b、a。

然而,上述对不同评价角色认识之间是否存在差异的判断,尚属假设性结论,为了检验这些判断在统计学意义上是否显著,需要通过 ANOVA 分析来进一步检验。三种评价角色进行两两比较共形成三组组合:

(1) "a 被评价者"与"b 被评价者 & 评审者";
(2) "a 被评价者"与"c 被评价者 & 评审者 & 评价组织者";
(3) "b 被评价者 & 评审者"与"c 被评价者 & 评审者 & 评价组织者"。

通过 ANOVA 检验对 32 个问题的组内和组间差异的 F 值和 P 值进行显著性检验。检验结果如表 5-1 所示。

表 5-1 按方案一对评价存在重要问题严重程度的 ANOVA 分析结果

问题编号		平方和	df	均方	F	显著性
1	组间	286.945	2	143.473	26.372	0.000*
	组内	3775.537	694	5.440	—	—
	总数	4062.482	696	—	—	—
2	组间	77.846	2	38.923	7.296	0.001*
	组内	3702.166	694	5.335	—	—
	总数	3780.011	696	—	—	—
3	组间	149.330	2	74.665	11.878	0.000*
	组内	4362.303	694	6.286	—	—
	总数	4511.633	696	—	—	—
4	组间	114.898	2	57.449	11.095	0.000*
	组内	3593.587	694	5.178	—	—
	总数	3708.485	696	—	—	—
5	组间	73.774	2	36.887	6.140	0.002*
	组内	4169.239	694	6.008	—	—
	总数	4243.013	696	—	—	—

5 不同评价角色对评价管控问题和措施的认识差异分析

(续表)

问题编号		平方和	df	均方	F	显著性
6	组间	105.619	2	52.809	10.568	0.000*
	组内	3468.143	694	4.997	—	—
	总数	3573.762	696	—	—	—
7	组间	74.579	2	37.289	7.026	0.001*
	组内	3683.134	694	5.307	—	—
	总数	3757.713	696	—	—	—
8	组间	44.774	2	22.387	5.187	0.006*
	组内	2995.203	694	4.316	—	—
	总数	3039.977	696	—	—	—
9	组间	205.229	2	102.614	18.383	0.000*
	组内	3873.994	694	5.582	—	—
	总数	4079.222	696	—	—	—
10	组间	147.799	2	73.899	16.557	0.000*
	组内	3097.481	694	4.463	—	—
	总数	3245.280	696	—	—	—
11	组间	56.461	2	28.231	5.894	0.003*
	组内	3324.173	694	4.790	—	—
	总数	3380.634	696	—	—	—
12	组间	849.590	2	424.795	55.352	0.000*
	组内	5326.071	694	7.674	—	—
	总数	6175.661	696	—	—	—

（续表）

问题编号		平方和	df	均方	F	显著性
13	组间	158.365	2	79.182	13.595	0.000*
	组内	4042.226	694	5.825	—	—
	总数	4200.591	696	—	—	—
14	组间	675.148	2	337.574	49.112	0.000*
	组内	4770.270	694	6.874	—	—
	总数	5445.418	696	—	—	—
15	组间	351.710	2	175.855	21.204	0.000*
	组内	5755.630	694	8.293	—	—
	总数	6107.340	696	—	—	—
16	组间	750.771	2	375.386	48.522	0.000*
	组内	5369.039	694	7.736	—	—
	总数	6119.811	696	—	—	—
17	组间	186.536	2	93.268	21.917	0.000*
	组内	2953.275	694	4.255	—	—
	总数	3139.811	696	—	—	—
18	组间	104.843	2	52.422	14.174	0.000*
	组内	2566.744	694	3.698	—	—
	总数	2671.587	696	—	—	—
19	组间	186.905	2	93.452	25.721	0.000*
	组内	2521.537	694	3.633	—	—
	总数	2708.442	696	—	—	—

(续表)

问题编号		平方和	df	均方	F	显著性
20	组间	9.395	2	4.698	0.698	0.498
	组内	4672.602	694	6.733	—	—
	总数	4681.997	696	—	—	—
21	组间	58.660	2	29.330	6.493	0.002*
	组内	3135.059	694	4.517	—	—
	总数	3193.719	696	—	—	—
22	组间	4.908	2	2.454	0.301	0.740
	组内	5657.652	694	8.152	—	—
	总数	5662.560	696	—	—	—
23	组间	152.392	2	76.196	9.895	0.000*
	组内	5344.314	694	7.701	—	—
	总数	5496.706	696	—	—	—
24	组间	595.684	2	297.842	44.445	0.000*
	组内	4650.730	694	6.701	—	—
	总数	5246.413	696	—	—	—
25	组间	108.422	2	54.211	9.472	0.000*
	组内	3971.865	694	5.723	—	—
	总数	4080.287	696	—	—	—
26	组间	212.606	2	106.303	18.685	0.000*
	组内	3948.407	694	5.689	—	—
	总数	4161.013	696	—	—	—

（续表）

问题编号		平方和	df	均方	F	显著性
27	组间	165.901	2	82.951	17.739	0.000*
	组内	3245.272	694	4.676	—	—
	总数	3411.174	696	—	—	—
28	组间	227.671	2	113.836	28.533	0.000*
	组内	2768.828	694	3.990	—	—
	总数	2996.499	696	—	—	—
29	组间	490.242	2	245.121	36.728	0.000*
	组内	4631.781	694	6.674	—	—
	总数	5122.023	696	—	—	—
30	组间	273.939	2	136.970	24.437	0.000*
	组内	3889.820	694	5.605	—	—
	总数	4163.759	696	—	—	—
31	组间	272.950	2	136.475	25.214	0.000*
	组内	3756.459	694	5.413	—	—
	总数	4029.409	696	—	—	—
32	组间	281.478	2	140.739	27.634	0.000*
	组内	3534.476	694	5.093	—	—
	总数	3815.954	696	—	—	—

注：显著性一栏"*"表示差异在0.05水平上显著，无"*"表示不显著。

根据表5-1的结果，32个问题中除了20号"'评价指挥棒'明显导致了学术研究的僵化"和22号问题"当前评价过于重视短期绩效，致使学术

5 不同评价角色对评价管控问题和措施的认识差异分析

急功近利"以外,其余 30 个问题中,三类角色交叉组合中至少有一对角色存在显著差异,且由于 F 值均大于 1,因此可断定差异来自于组间,即角色不同导致的。也就是说,评价角色这一变量对评价存在重要问题的认识差异具有重要影响。下面对所有 32 个问题进行两两比较,检验结果如表 5-2 所示。

表 5-2 方案一对评价存在重要问题严重程度方差齐次性检验结果

问题编号	Levene 统计量	df1	df2	显著性
1	11.518	2	694	0.000*
2	1.634	2	694	0.196
3	7.668	2	694	0.001*
4	4.711	2	694	0.009*
5	3.072	2	694	0.047*
6	3.848	2	694	0.022*
7	3.914	2	694	0.020*
8	0.021	2	694	0.980
9	3.820	2	694	0.022*
10	0.605	2	694	0.547
11	1.236	2	694	0.291
12	50.081	2	694	0.000*
13	0.157	2	694	0.855
14	58.105	2	694	0.000*
15	7.564	2	694	0.001*
16	42.418	2	694	0.000*

(续表)

问题编号	Levene 统计量	df1	df2	显著性
17	0.860	2	694	0.424
18	8.407	2	694	0.000*
19	12.256	2	694	0.000*
20	3.754	2	694	0.024*
21	0.127	2	694	0.881
22	8.581	2	694	0.000*
23	2.332	2	694	0.098
24	11.831	2	694	0.000*
25	3.185	2	694	0.042*
26	2.336	2	694	0.097
27	1.196	2	694	0.303
28	2.519	2	694	0.081
29	37.179	2	694	0.000*
30	2.148	2	694	0.118
31	5.347	2	694	0.005*
32	4.285	2	694	0.014

注：显著性一栏"*"表示差异在0.05水平上显著，无"*"表示不显著。

通过 ANOVA 方差齐次性检验可发现，如表 5-2 所示，32 个问题中有 13 个问题的方差为齐性(将采用 LSD 两两比较)，另外 19 个问题为不齐(将采用 Tamhane's 两两比较)。

5 不同评价角色对评价管控问题和措施的认识差异分析

2. 三种评价角色的问题方差分析两两比较

根据方差分析的两两比较结果,将三种评价角色方差分析结果汇总如表5-3所示①。

表5-3 按方案一三种评价角色的方差分析结果汇总

评价角色组合	差异不显著	左侧角色认为的严重程度高于右侧	左侧角色认为的严重程度低于右侧
(1) "a 被评价者"与"b 被评价者 & 评审者"	8 号、11 号、18 号、20 号、21 号(共 5 个问题)	其余 27 个问题	无
(2) "a 被评价者"与"c 被评价者 & 评审者 & 评价组织者"	18 号、20 号、23 号(共 3 个问题)	其余 29 个问题	无
(3) "b 被评价者 & 评审者"与"c 被评价者 & 评审者 & 评价组织者"	其余 22 个问题	2 号、8 号、11 号、13 号、17 号、19 号、21 号、28 号、30 号、32 号(共 10 个问题)	无

如表5-3所示,在(1)和(2)两组对比中,对于评价存在的大多数问题,"a 被评价者"认为的严重程度显著高于"b 被评价者 & 评审者"或"c 被评价者 & 评审者 & 评价组织者",仅对于个别问题,"a 被评价者"认为的严重程度与 b 或 c 差异不大;在(3)组对比中,对于大多数问题,"b 被评价者 & 评审者"所认为的严重程度与"c 被评价者 & 评审者 & 评价组织者"差异不大,对于少部分问题,前者认为的严重程度显著高于后者。

就"a 被评价者"与"b 被评价者 & 评审者"的比较来讲,在问卷所涉及的32个问题中,除了表5-1显示的20号和22号问题角色差异不显著外,其他30个问题中还有3个问题,"a 被评价者"和"b 被评价者 & 评审者"认为的问题严重程度差异不显著,这3个差异不显著的问题即8号"许多评价标准和指标分类过粗,对某些成果不适用"、11号"成果的创新

---

① 为使本书阐述思路更为简洁清晰,此处省略具体两两比较检验数据。

性和创新程度的判断不够准确"和 21 号"许多评价活动的理念目标不明确、不正确或不合理"。其余 27 个问题,"a 被评价者"认为的严重程度均显著高于"b 被评价者 & 评审者"。这说明,对于问卷所列的中国人文社科学术评价存在的大部分问题(27/32),"a 被评价者"所认为的严重程度显著高于"b 被评价者 & 评审者",对于其余个别问题(5/32)两类角色认为的严重程度差异不显著。

就"a 被评价者"与"c 被评价者 & 评审者 & 评价组织者"来讲,在问卷所涉及的 32 个问题中,除了表 5-1 显示的 20 号和 22 号"a 被评价者"认为的严重程度与"c 被评价者 & 评审者 & 评价组织者"两角色认为的问题严重程度差异不显著外,还有 1 个问题的差异也不显著,即 23 号"当前评价体系对创新导向的体现不足";其余 29 个问题,"a 被评价者"认为的严重程度都显著高于"c 被评价者 & 评审者 & 评价组织者"。这说明,对于问卷所列的中国人文社科学术评价存在的大部分问题(29/32),"a 被评价者"所认为的问题严重程度显著高于"c 被评价者 & 评审者 & 评价组织者",对于其余个别问题(3/32)两类角色认为的问题严重程度差异不显著。

就"b 被评价者 & 评审者"与"c 被评价者 & 评审者 & 评价组织者"来讲,在问卷所涉及的 32 个问题中,除了表 5-1 显示的 20 号和 22 号问题外,还有 20 个问题"b 被评价者 & 评审者"和"c 被评价者 & 评审者 & 评价组织者"两类角色所认为问题严重程度差异不显著。其余的 10 个问题,"b 被评价者 & 评审者"认为的严重程度显著高于"c 被评价者 & 评审者 & 评价组织者"。这 10 个差异显著的问题分别是 2 号、8 号、11 号、13 号、17 号、19 号、21 号、28 号、30 号和 32 号问题(详见附录 2)。这说明,对于问卷所列的中国人文社科学术评价存在的大部分问题(22/32),"b 被评价者 & 评审者"所认为的严重程度与"c 被评价者 & 评审者 & 评价组织者"差异不大;对于少部分问题(10/32),"b 被评价者 & 评审者"认为的严重程度显著高于"c 被评价者 & 评审者 & 评价组织者"。

5.1.3 方案二：按角色拆分检验问题的均值差异显著性

1. 四种评价角色的问题得分均值和方差总体分析

在本书第3.1.3节，对第8、11、14、17题这四个题目中编号1～32的问题的得分均值进行统计，并形成图3-2的折线图。从图3-2可大致发现如下规律。

第一，四种评价角色对于大多数问题的认识差异均较大，只有少部分问题差异不大。其中，四类角色的得分均值差异较小的问题共有5个，即8号问题"评价标准和指标分类过粗，对某些成果不适用"、11号问题"很难准确判断成果的创新性和创新程度"、18号问题"当前的学术评价管理政策过于利益化"、19号问题"当前的学术评价管理政策缺失严重"和25号问题"当前的评价活动很少使用网络评估软件"，这些问题严重程度得分最大值和最小值之间相差1～2分；四类角色对其余27个问题严重程度的认识差异均较大，差距最大的是12号问题"当前评价过于注重成果数量、看轻成果质量"，被评价者的得分均值是2.7分，认为该问题比较严重，但评审者的得分均值是-1.54分，认为这一问题并不严重甚至不存在，两类角色得分均值相差4.24分。

第二，总体上，被评价者和评价研究者对32个问题的认识趋于一致；评审者和评价组织者对32个问题的认识也较为相似；相比而言，对于同一评价问题，被评价者和评价研究者所认为的严重程度，通常高于评审者和评价组织者所认为的严重程度。前两类角色普遍认为问卷所列的32个问题是存在的，只是严重程度不一，但后两类角色认为这些问题有些是存在的、有些虽然存在却不太严重、有些根本不存在（即对这些问题持反对态度）。

第三，总体上，四类角色两两比较可形成6组组合，其中评审者与被评价者、评审者与评价研究者、被评价者与评价组织者、评价研究者与评价组织者4组组合，对32个问题的认识存在较大差异；其余2组组合的差异不甚明显。

第四,对于个别问题,第二条和第三条的规律会出现例外。如19号问题"当前的学术评价管理政策缺失严重"、20号问题"'评价指挥棒'明显导致了学术研究的僵化"、21号问题"当前许多评价活动的理念目标不明确、不正确或不合理"、22号问题"当前评价过于重视短期绩效,致使学术急功近利",被评价者认为这四个问题的严重程度低于评价研究者认为的严重程度,其认识与评审者和评价组织者(而非评价研究者)的认识更为接近。

然而,上述对不同评价角色认识之间是否存在差异的判断,尚属假设性结论,为了检验这些结论在统计学意义上是否显著,下面采用"均值差异检验方法"对上述判断进行检验。要检验的假设命题共有6个,如表5-4所示。

表5-4 按方案二对评价角色差异的问题均值检验假设命题

评价角色	被评价者	评审者	评价组织者	评价研究者
被评价者	=	(1)	(2)	(3)
评审者	——	=	(4)	(5)
评价组织者	——	——	=	(6)
评价研究者	——	——	——	=

注:
- (1)—(6)表示6个待检验的四种评价角色两两比较的组合。
- "——"表示重复的组合,不需要两两比较。
- "="表示对于同一问题,最左列的评价角色认为的严重程度完全等于最上一行评价角色的认为的严重程度。
- 在两两比较时,均用上表最左列评价角色与最上行评价角色对同一问题严重程度进行对比。

通过ANOVA检验对32个问题的组内和组间差异的F值和P值进行显著性检验。检验结果如表5-5所示。

表 5-5 方案二的问题 ANOVA 均值差异显著性检验

问题编号		平方和	df	均方	F	显著性
1	组间	949.565	3	316.522	62.436	0.000*
	组内	4567.621	901	5.070	—	—
	总数	5517.187	904	—	—	—
2	组间	753.935	3	251.312	52.691	0.000*
	组内	4297.384	901	4.770	—	—
	总数	5051.319	904	—	—	—
3	组间	1904.369	3	634.790	136.133	0.000*
	组内	4201.370	901	4.663	—	—
	总数	6105.739	904	—	—	—
4	组间	805.062	3	268.354	58.206	0.000*
	组内	4154.003	901	4.610	—	—
	总数	4959.065	904	—	—	—
5	组间	52.876	3	173.625	3.201	0.000
	组内	5179.882	901	5.749	—	—
	总数	570.758	904	—	—	—
6	组间	788.798	3	262.933	61.983	0.000*
	组内	3822.048	901	4.242	—	—
	总数	461.846	904	—	—	—
7	组间	467.119	3	155.706	32.500	0.000*
	组内	4316.599	901	4.791	—	—
	总数	4783.717	904	—	—	—

（续表）

问题编号		平方和	df	均方	*F*	显著性
8	组间	191.843	3	63.948	15.362	0.000*
	组内	375.570	901	4.163	—	—
	总数	3942.413	904	—	—	—
9	组间	603.705	3	201.235	37.784	0.000*
	组内	4798.604	901	5.326	—	—
	总数	5402.309	904	—	—	—
10	组间	365.895	3	121.965	27.702	0.000*
	组内	3966.839	901	4.403	—	—
	总数	4332.734	904	—	—	—
11	组间	169.183	3	56.394	11.890	0.000
	组内	4273.264	901	4.743	—	—
	总数	4442.446	904	—	—	—
12	组间	3493.335	3	1164.445	244.249	0.000*
	组内	4295.478	901	4.767	—	—
	总数	7788.813	904	—	—	—
13	组间	62.233	3	206.744	38.181	0.000*
	组内	4878.779	901	5.415	—	—
	总数	5499.012	904	—	—	—
14	组间	3148.240	3	1049.413	224.142	0.000*
	组内	4218.397	901	4.682	—	—
	总数	7366.636	904	—	—	—

5 不同评价角色对评价管控问题和措施的认识差异分析

（续表）

问题编号		平方和	df	均方	F	显著性
15	组间	2079.073	3	693.024	111.010	0.000*
	组内	5624.878	901	6.243	—	—
	总数	7703.951	904	—	—	—
16	组间	3509.604	3	1169.868	247.320	0.000*
	组内	4261.892	901	4.730	—	—
	总数	7771.496	904	—	—	—
17	组间	728.464	3	242.821	63.213	0.000*
	组内	3461.017	901	3.841	—	—
	总数	4189.481	904	—	—	—
18	组间	32.322	3	106.774	3.278	0.000*
	组内	3177.320	901	3.526	—	—
	总数	3497.642	904	—	—	—
19	组间	601.098	3	20.366	62.593	0.000*
	组内	2884.169	901	3.201	—	—
	总数	3485.266	904	—	—	—
20	组间	705.589	3	235.196	39.638	0.000*
	组内	5346.130	901	5.934	—	—
	总数	6051.719	904	—	—	—
21	组间	373.143	3	124.381	28.000	0.000*
	组内	4002.410	901	4.442	—	—
	总数	4375.554	904	—	—	—

（续表）

问题编号		平方和	df	均方	F	显著性
22	组间	1436.637	3	478.879	73.602	0.000*
	组内	5862.185	901	6.506	—	—
	总数	7298.822	904	—	—	—
23	组间	513.587	3	171.196	22.918	0.000*
	组内	673.530	901	7.470	—	—
	总数	7244.117	904	—	—	—
24	组间	1946.758	3	648.919	119.602	0.000*
	组内	4888.530	901	5.426	—	—
	总数	6835.288	904	—	—	—
25	组间	211.373	3	7.458	12.776	0.000*
	组内	4968.800	901	5.515	—	—
	总数	518.172	904	—	—	—
26	组间	494.379	3	164.793	29.346	0.000*
	组内	5059.638	901	5.616	—	—
	总数	5554.018	904	—	—	—
27	组间	342.338	3	114.113	24.918	0.000*
	组内	4126.221	901	4.580	—	—
	总数	4468.559	904	—	—	—
28	组间	383.251	3	127.750	3.822	0.000*
	组内	3734.477	901	4.145	—	—
	总数	4117.728	904	—	—	—

(续表)

问题编号		平方和	df	均方	F	显著性
29	组间	2002.948	3	667.649	13.665	0.000 *
	组内	4603.786	901	5.110	—	—
	总数	6606.734	904	—	—	—
30	组间	904.069	3	301.356	57.155	0.000 *
	组内	475.627	901	5.273	—	—
	总数	5654.696	904	—	—	—
31	组间	823.722	3	274.574	53.542	0.000 *
	组内	461.533	901	5.128	—	—
	总数	5444.254	904	—	—	—
32	组间	82.636	3	273.545	58.544	0.000 *
	组内	4209.868	901	4.672	—	—
	总数	503.504	904	—	—	—

注：显著性一栏" * "表示检验在0.05水平上显著，无" * "表示不显著。

根据表5-5的结果，对于全部32个问题，四类角色之间都至少有一对角色存在显著差异；且由于F值均大于1，因此可断定差异来自于组间，即角色不同导致的。也就是说，评价角色这一变量对评价存在重要问题严重程度的认识具有重要影响。下面将对这32个问题均进行两两比较。

通过ANOVA方差齐次性检验可发现，32个问题中，有11个问题的方差为齐性（将采用LSD两两比较），其余21个问题为不齐（将采用Tamhane's两两比较），如表5-6所示。

表 5-6 方案二问题的方差齐次性检验结果

问题编号	Levene 统计量	df1	df2	显著性
1	11.413	3	901	0.000*
2	2.453	3	901	0.062
3	2.720	3	901	0.043*
4	5.545	3	901	0.001*
5	2.252	3	901	0.081
6	0.769	3	901	0.512
7	9.379	3	901	0.000*
8	1.714	3	901	0.163
9	8.587	3	901	0.000*
10	0.898	3	901	0.441
11	7.052	3	901	0.000*
12	0.264	3	901	0.852
13	7.856	3	901	0.000*
14	35.308	3	901	0.000*
15	3.887	3	901	0.009*
16	17.353	3	901	0.000*
17	4.321	3	901	0.005*
18	6.620	3	901	0.000*
19	6.534	3	901	0.000*
20	12.414	3	901	0.000*
21	2.611	3	901	0.050*

(续表)

问题编号	Levene 统计量	df1	df2	显著性
22	33.249	3	901	0.000*
23	10.651	3	901	0.000*
24	2.580	3	901	0.052
25	4.039	3	901	0.007*
26	1.511	3	901	0.210
27	5.281	3	901	0.001*
28	1.934	3	901	0.123
29	27.254	3	901	0.000*
30	3.658	3	901	0.012*
31	2.482	3	901	0.060
32	1.812	3	901	0.143

注：显著性一栏"*"表示差异在0.05水平上显著，无"*"表示不显著。

2. 四种评价角色的问题方差分析两两比较

将四种评价角色方差分析结果汇总如表5-7所示。

表5-7 按方案二四种评价角色对问题严重程度的方差分析结果汇总

评价角色组合	差异不显著	左侧角色认为的严重程度高于右侧	左侧角色认为的严重程度低于右侧
(1) 被评价者与评审者	23号(共1个问题)	其余28个问题	20号、21号、22号(共3个问题)
(2) 被评价者与评价组织者	9号、11号、22号、23号(共4个问题)	其余27个问题	20号(共1个问题)

(续表)

评价角色组合	差异不显著	左侧角色认为的严重程度高于右侧	左侧角色认为的严重程度低于右侧
(3)被评价者与评价研究者	其余20个问题	无	5号、7号、9号、10号、11号、13号、20号、21号、22号、23号、24号、30号(共12个问题)
(4)评审者与评价组织者	其余14个问题	8号、10号、17号、20号、21号、22号、28号、30号、31号、32号(共10个问题)	3号、6号、7号、9号、12号、16号、24号、29号(共8个问题)
(5)评审者与评价研究者	20号、21号、22号、25号(共4个问题)	无	其余28个问题
(6)评价组织者与评价研究者	无	无	全部32个问题

如表5-7所示,在(1)和(2)两组对比中,对于大多数问题,被评价者认为的问题严重程度显著高于评审者或评价组织者,仅在个别问题上差异不大或情况相反;在(3)和(4)两组对比中,两类角色对大多数问题严重程度的认识差异不大,只对于少部分问题出现一类角色认为的严重程度高于另一种的情况;在(5)和(6)两组对比中,对于大多数或全部问题,评价研究者认为的问题严重程度显著高于评审者或评价组织者,仅在第(5)组的个别问题上差异不大。这种结果同时也说明,被评价者和评价研究者对评价存在重要问题严重程度的认识差异不明显,评审者和评价组织者之间的认识差异也不明显,但是大多数情况下,被评价者和评价研究者认为的问题严重程度比评审者和评价组织者更高。具体情况如下:

就被评价者与评审者而言,在问卷所涉及的32个问题中共有28个问题,被评价者认为的问题严重程度高于评审者,且这28个问题的均值差异检验均为显著。在32个问题中有4个问题,即20~23号问题,被评价者认为的严重程度低于评审者;其中20~22号三个问题的均值差异检验是显著的,23号问题检验为不显著。20~22号问题分别是"'评价指挥棒'明显导致了学术研究的僵化""许多评价活动的理念目标不明确、不正确或不合理""当前评价过于重视短期绩效,致使学术急功近利";23号问题是"当前评价体系对创新导向的体现不足"。这说明,对于问卷所列的中国人文社科学术评价存在的大部分问题(28/32),被评价者认为的严重程度显著高于评审者;对于个别问题(3/32)则刚好相反,评审者认为的严重程度显著高于被评价者;对于23号问题,两类角色认为的问题严重程度差异不大。

就被评价者与评价组织者而言,在问卷所涉及的32个问题中共有29个问题,被评价者认为的问题严重程度高于评价组织者,且其中27个问题的均值差异检验为显著,2个问题(9号问题"成果常因作者的'名气'而获得过高或过低的评价"和11号问题"很难准确判断成果的创新性和创新程度")的差异不显著。在32个问题中有3个问题,被评价者认为的问题严重程度低于评价组织者,这三个问题即20号、22号和23号问题,依次是"'评价指挥棒'明显导致了学术研究的僵化""当前评价过于重视短期绩效,致使学术急功近利"和"当前评价体系对创新导向的体现不足",其中20号问题的均值差异检验是显著的,22号和23号问题检验为不显著。这说明,对于问卷所列的中国人文社科学术评价存在的绝大部分问题(27/32),被评价者认为的问题严重程度显著高于评价组织者;对于个别问题(1/32)则刚好相反,评价组织者认为的严重程度显著高于被评价者;对于另一些个别问题(4/32)上,两类角色认为的问题严重程度差异不大。

就被评价者与评价研究者而言,在问卷所涉及的32个问题中共有24个问题,评价研究者认为的严重程度高于被评价者,且其中12个问题(即5号、7号、9号、10号、11号、13号、20号、21号、22号、23号、24号、30号问题,问题描述详见附录2)的均值差异检验是显著的,另外12个问题不显著。在32个问题中有8个问题,被评价者认为的严重程度高于评价研究者,且检验结果均为不显著。这说明,对于问卷所列的中国人文社科学术评价存在的大部分问题(20/32),被评价者与评价研究者认为的问题严重程度差异不显著;对于少部分问题(12/32),评价研究者认为的严重程度显著高于被评价者。

就评审者与评价组织者而言,在问卷所涉及的32个问题中共有18个问题,评审者认为的问题严重程度高于评价组织者,且其中10个问题(即8号、10号、17号、20号、21号、22号、28号、30号、31号、32号问题,问题描述详见附录2)的均值差异检验是显著的,8个问题的差异检验不显著。在32个问题中共有14个问题,评价组织者认为的严重程度高于评审者,且其中8个问题(即3号、6号、7号、9号、12号、16号、24号、29号问题,问题描述详见附录2)的均值差异检验是显著的,6个问题不显著。这说明,对于问卷所列的中国人文社科学术评价存在的约一半问题中(14/32),评审者与评价组织者认为的严重程度差异不显著;对于约另一半问题,其中一部分问题(10/32)评审者认为的严重程度显著高于评价组织者,另一部分问题(8/32)则刚好相反,评价组织者认为的严重程度显著高于评审者。这种状况显示出评审者和评价组织者两类角色对问题严重程度的认识比较复杂,未呈现出集中的特征。

就评审者与评价研究者而言,在问卷所涉及的32个问题中,评审者认为的严重程度全部低于评价研究者,且其中28个问题的均值差异检验是显著的,4个问题(20号、21号、22号、25号)的差异检验不显著,这4个问题依次为"'评价指挥'棒明显导致了学术研究的僵化""当前许多评价活动的理念目标不明确、不正确或不合理""当前评价过于重视短期绩效,致使学术急功近利"和"当前的评价活动很少使用网络评估软件"。这说明,对于问卷所列的中国人文社科学术评价存在的绝大多数问题(28/32),评审者认为的问题严重程度显著低于评价研究者;对于个别问题(4/32),两类角色所认为的问题严重程度差异不显著。

就评价组织者与评价研究者而言,问卷所涉及的32个问题,评价组织者认为的严重程度全部低于评价研究者,且均值差异检验均为显著。这有力说明,在问卷所列的中国人文社科学术评价存在的全部问题(32/32),评价组织者认为的严重程度均显著低于评价研究者。

5.2 不同评价角色对评价管控措施的认识差异

在本书第 4 章评价管控措施必要程度分析的基础上,本节将通过均值差异检验方法重点回答如下三个问题:哪些评价角色认为的评价管控措施必要程度存在差异、存在怎样的差异? 对于哪些措施,不同评价角色认为的必要程度之间存在差异、哪些措施不存在差异? 评价角色对哪些措施的认识差异是显著的、哪些不显著? 分析仍旧基于问卷中第 20 题的数据(详见附录 2)。

评价角色的选择详见附录 2 的问卷第 6 题。受访者的填答项对应措施的必要程度得分(-5~5 分共 11 档),分数越高表示越有必要,越低表示越不必要,0 表示弃权。对第 6 题评价角色选择情况的处理分为两种方案(方案的具体说明详见第 4.1.3 节):

(1) 方案一是按照原始的评价角色多选情况,"a 被评价者""b 被评价者 & 评审者""c 被评价者 & 评审者 & 评价组织者"的有效样本数量依次为 184、183 和 49 份;

(2) 方案二是按照评价角色拆分后的情况,被评价者、评审者、评价组织者和评价研究者的有效样本数量依次为 461、301、89 和 53 份。

5.2.1 方案一:按角色重叠检验措施的均值差异显著性

1. 三种评价角色的措施得分均值和方差总体分析

根据第 4.1.3 节的分析可知,按照方案一,三种评价角色对评价管控措施的认识差异不大。然而,之前对不同评价角色认识之间是否存在差异的判断,尚属假设性结论,为了检验这些判断在统计学意义上是否显著,需要通过 ANOVA 分析来进一步检验。三种评价角色进行两两比较共形成三组组合:

(1) "a 被评价者"与"b 被评价者 & 评审者";

(2) "a 被评价者"与"c 被评价者 & 评审者 & 评价组织者";

(3) "b 被评价者 & 评审者"与"c 被评价者 & 评审者 & 评价组织者"。

通过 ANOVA 检验对 42 项措施的组内和组间差异的 F 值和 P 值进行差异显著性检验,检验结果如表 5-8 所示。

表 5-8 方案一的措施 ANOVA 分析结果

措施编号		平方和	df	均方	F	显著性
1	组间	4.251	2	2.126	1.112	0.330
	组内	791.710	414	1.912	—	—
	总数	795.962	416	—	—	—
2	组间	88.305	2	44.153	7.042	0.001*
	组内	2595.728	414	6.270	—	—
	总数	2684.034	416	—	—	—
3	组间	2.218	2	1.109	0.399	0.671
	组内	1151.499	414	2.781	—	—
	总数	1153.717	416	—	—	—
4	组间	21.146	2	10.573	1.965	0.141
	组内	2227.104	414	5.379	—	—
	总数	2248.249	416	—	—	—
5	组间	4.755	2	2.377	0.907	0.404
	组内	1084.631	414	2.620	—	—
	总数	1089.386	416	—	—	—
6	组间	0.873	2	0.437	0.203	0.816
	组内	889.966	414	2.150	—	—
	总数	890.839	416	—	—	—

5 不同评价角色对评价管控问题和措施的认识差异分析

（续表）

措施编号		平方和	df	均方	F	显著性
7	组间	5.281	2	2.640	1.347	0.261
	组内	811.602	414	1.960	—	—
	总数	816.882	416	—	—	—
8	组间	1.028	2	0.514	0.329	0.719
	组内	645.811	414	1.560	—	—
	总数	646.839	416	—	—	—
9	组间	1.432	2	0.716	0.407	0.666
	组内	728.222	414	1.759	—	—
	总数	729.655	416	—	—	—
10	组间	4.702	2	2.351	0.685	0.505
	组内	1420.843	414	3.432	—	—
	总数	1425.544	416	—	—	—
11	组间	6.430	2	3.215	1.821	0.163
	组内	730.937	414	1.766	—	—
	总数	737.367	416	—	—	—
12	组间	17.308	2	8.654	5.384	0.005*
	组内	665.388	414	1.607	—	—
	总数	682.695	416	—	—	—
13	组间	18.126	2	9.063	5.126	0.006*
	组内	732.023	414	1.768	—	—
	总数	750.149	416	—	—	—

（续表）

措施编号		平方和	df	均方	F	显著性
14	组间	1.749	2	0.875	0.346	0.708
	组内	1047.301	414	2.530	—	—
	总数	1049.050	416	—	—	—
15	组间	1.938	2	0.969	0.369	0.692
	组内	1087.702	414	2.627	—	—
	总数	1089.640	416	—	—	—
16	组间	8.366	2	4.183	1.848	0.159
	组内	937.193	414	2.264	—	—
	总数	945.559	416	—	—	—
17	组间	9.023	2	4.512	2.467	0.086
	组内	757.212	414	1.829	—	—
	总数	766.235	416	—	—	—
18	组间	7.480	2	3.740	2.442	0.088
	组内	634.064	414	1.532	—	—
	总数	641.544	416	—	—	—
19	组间	2.869	2	1.435	0.786	0.456
	组内	755.726	414	1.825	—	—
	总数	758.595	416	—	—	—
20	组间	5.841	2	2.921	1.063	0.346
	组内	1136.993	414	2.746	—	—
	总数	1142.835	416	—	—	—

5 不同评价角色对评价管控问题和措施的认识差异分析

（续表）

措施编号		平方和	df	均方	F	显著性
21	组间	13.471	2	6.735	2.237	0.108
	组内	1246.750	414	3.011	—	—
	总数	1260.221	416	—	—	—
22	组间	27.201	2	13.601	3.818	0.023*
	组内	1474.645	414	3.562	—	—
	总数	1501.847	416	—	—	—
23	组间	17.119	2	8.559	3.320	0.037*
	组内	1067.476	414	2.578	—	—
	总数	1084.595	416	—	—	—
24	组间	5.544	2	2.772	1.140	0.321
	组内	1006.269	414	2.431	—	—
	总数	1011.813	416	—	—	—
25	组间	6.576	2	3.288	2.102	0.123
	组内	647.487	414	1.564	—	—
	总数	654.062	416	—	—	—
26	组间	0.774	2	0.387	0.187	0.829
	组内	854.698	414	2.064	—	—
	总数	855.472	416	—	—	—
27	组间	31.389	2	15.695	6.519	0.002*
	组内	996.654	414	2.407	—	—
	总数	1028.043	416	—	—	—

（续表）

措施编号		平方和	df	均方	F	显著性
28	组间	17.492	2	8.746	3.278	0.039*
	组内	1104.542	414	2.668	—	—
	总数	1122.034	416	—	—	—
29	组间	54.489	2	27.245	6.162	0.002*
	组内	1830.393	414	4.421	—	—
	总数	1884.882	416	—	—	—
30	组间	1.251	2	0.625	0.296	0.744
	组内	874.466	414	2.112	—	—
	总数	875.717	416	—	—	—
31	组间	18.304	2	9.152	2.662	0.071
	组内	1423.198	414	3.438	—	—
	总数	1441.501	416	—	—	—
32	组间	12.082	2	6.041	3.150	0.044*
	组内	793.937	414	1.918	—	—
	总数	806.019	416	—	—	—
33	组间	2.154	2	1.077	0.424	0.654
	组内	1050.886	414	2.538	—	—
	总数	1053.041	416	—	—	—
34	组间	0.995	2	0.497	0.251	0.778
	组内	820.881	414	1.983	—	—
	总数	821.875	416	—	—	—

5 不同评价角色对评价管控问题和措施的认识差异分析

（续表）

措施编号		平方和	df	均方	F	显著性
35	组间	8.526	2	4.263	1.761	0.173
	组内	1001.911	414	2.420	—	—
	总数	1010.436	416	—	—	—
36	组间	5.617	2	2.809	1.193	0.304
	组内	974.618	414	2.354	—	—
	总数	980.235	416	—	—	—
37	组间	8.226	2	4.113	1.819	0.163
	组内	936.076	414	2.261	—	—
	总数	944.302	416	—	—	—
38	组间	9.645	2	4.822	1.938	0.145
	组内	1029.914	414	2.488	—	—
	总数	1039.559	416	—	—	—
39	组间	8.126	2	4.063	2.431	0.089
	组内	692.018	414	1.672	—	—
	总数	700.144	416	—	—	—
40	组间	5.748	2	2.874	1.055	0.349
	组内	1127.288	414	2.723	—	—
	总数	1133.036	416	—	—	—
41	组间	32.895	2	16.448	4.963	0.007*
	组内	1371.954	414	3.314	—	—
	总数	1404.849	416	—	—	—

(续表)

措施编号		平方和	df	均方	F	显著性
42	组间	0.518	2	0.259	0.083	0.920
	组内	1222.999	394	3.104	—	—
	总数	1223.516	396	—	—	—

注：显著性一栏"*"表示差异在0.05水平上显著，无"*"表示不显著。

根据表5-8的结果，42项措施中有10项措施的均值差异检验结果为显著(即带"*"的2号、12号、13号、22号、23号、27号、28号、29号、32号、41号措施，措施描述详见附录2)。说明对于这10项措施，三种评价角色的组合中至少有一对角色对措施必要程度的认识存在显著差异；且由于这10项措施的F值均大于1，因此可断定差异来自于组间，即角色不同导致的。三种评价角色对其余32项措施认识的差异则不显著。因此，下面将对三类角色对10项措施的认识差异进行两两比较，其余32项措施不再进行两两比较。

通过ANOVA方差齐次性检验可发现待检验的10项措施中，有7项措施的方差为齐性(将采用LSD两两比较)，另外3项措施方差不齐(将采用Tamhane's两两比较)，如表5-9所示。

表5-9 方案一的措施方差齐次性检验结果

措施编号	Levene 统计量	df1	df2	显著性
2	9.525	2	414	0.000 *
12	3.014	2	414	0.050 *
13	3.886	2	414	0.021 *
22	1.353	2	414	0.259
23	0.830	2	414	0.437

5 不同评价角色对评价管控问题和措施的认识差异分析

（续表）

措施编号	Levene 统计量	df1	df2	显著性
27	1.051	2	414	0.351
28	0.741	2	414	0.477
29	1.316	2	414	0.269
32	0.296	2	414	0.744
41	1.413	2	414	0.245

注：显著性一栏"*"表示差异在 0.05 水平上显著，无"*"表示不显著。

2. 三种评价角色的措施方差分析两两比较

将三种评价角色对措施的方差分析结果汇总如表 5‑10 所示。

表 5‑10 按方案一三种评价角色的措施方差分析结果汇总

评价角色组合	差异不显著	左侧角色认为的必要程度高于右侧	左侧角色认为的必要程度低于右侧
(1) "a 被评价者"与"b 被评价者 & 评审者"	其余 37 项措施	2 号、22 号、27 号、29 号、41 号(共 5 项措施)	无
(2) "a 被评价者"与"c 被评价者 & 评审者 & 评价组织者"	其余 36 项措施	12 号、23 号、27 号、28 号、32 号、41 号(共 6 项措施)	无
(3) "b 被评价者 & 评审者"与"c 被评价者 & 评审者 & 评价组织者"	其余 39 项措施	12 号、13 号、32 号(共 3 项措施)	无

如表 5‑10 所示，在三组对比中，两种评价角色对绝大多数评价管控措施必要程度的认识，均不存在显著差异；仅在少部分措施上，存在角色 a 认为的必要程度显著大于 b 或 c，或角色 b 显著大于角色 c 的情况。换句话说，当受访者仅为被评价者时，比受访者同时兼具评审者或评价组织者时，

145

所认为的措施必要程度更高。三类角色对措施必要程度的认识从大到小大体上依次为 a、b、c。此外，按具体措施来看，不同角色对表 5-10 中"左侧角色认为的必要程度高于右侧"的一列所列出的措施更容易引起不同评价角色的认识显著差异，应引起充分关注。具体情况如下：

就"a 被评价者"与"b 被评价者 & 评审者"来讲，所检验的 10 项措施中共有 5 项措施，"a 被评价者"和"b 被评价者 & 评审者"认为的措施必要程度差异均不显著；其余共有 5 项措施（即 2 号、22 号、27 号、29 号、41 号措施，措施描述详见附录 2），"a 被评价者"认为的措施必要程度显著高于"b 被评价者 & 评审者"。结合前文的分析可知，对于问卷所列的中国人文社科学术评价的 42 项管控措施中的绝大多数（37/42），这两类角色认为的措施必要程度差异均不显著，仅对于少部分措施（5/42）角色 a 认为的必要程度显著高于角色 b。

就"a 被评价者"与"c 被评价者 & 评审者 & 评价组织者"来讲，所检验的 10 项措施中共有 4 项措施，"a 被评价者"与"c 被评价者 & 评审者 & 评价组织者"两类角色认为的措施必要程度差异均不显著；其余共有 6 项措施（即 12 号、23 号、27 号、28 号、32 号、41 号措施，措施描述详见附录 2），"a 被评价者"认为的措施必要程度显著高于"c 被评价者 & 评审者 & 评价组织者"。结合前文的分析可知，对于问卷所列的中国人文社科学术评价的 42 项管控措施中的大多数（36/42），这两类角色对措施必要程度的认识差异均不显著，仅对于少部分措施（6/42）角色 a 认为的必要程度显著高于角色 c。

就"b 被评价者 & 评审者"与"c 被评价者 & 评审者 & 评价组织者"来讲，所检验的 10 项措施中共有 7 项措施，"b 被评价者 & 评审者"与"c 被评价者 & 评审者 & 评价组织者"两类角色认为的措施必要程度差异均不显著；其余共有 3 项措施（即 12 号、13 号、32 号措施，措施描述详见附录 2），"b 被评价者 & 评审者"认为的措施必要程度显著高于"c 被评价者 & 评审者 & 评价组织者"。结合前文的分析可知，对于问卷所列的中国人文社科学术评价的 42 项管控措施中的大多数（39/42），这两类角色对措施必要程度的认识差异均不显著，仅对于少部分措施（3/42）角色 b 认为的必要程度显著高于角色 c。

5.2.2 方案二:按角色拆分检验措施的均值差异显著性

1. 四种评价角色的措施得分均值和方差总体分析

根据第 4.1.3 节的分析可知,按照方案二,四种评价角色对评价管控措施的认识差异不大。然而,之前对不同评价角色认识之间是否存在差异的判断,尚属假设性结论,为了检验这些结论在统计学意义上是否显著,下面采用方差分析法对上述判断进行检验。

通过 ANOVA 检验对 42 项措施的组内和组间差异的 F 值和 P 值进行显著性检验。检验结果如表 5‑11 所示。

表 5‑11 方案二的措施 ANOVA 分析结果

措施编号		平方和	df	均方	F	显著性
1	组间	17.638	3	5.879	2.939	0.032*
	组内	1802.159	901	2.000	—	—
	总数	1819.797	904	—	—	—
2	组间	43.380	3	14.460	2.252	0.081
	组内	5786.410	901	6.422	—	—
	总数	5829.790	904	—	—	—
3	组间	3.875	3	1.292	0.500	0.682
	组内	2327.997	901	2.584	—	—
	总数	2331.872	904	—	—	—
4	组间	8.679	3	2.893	0.560	0.641
	组内	4652.499	901	5.164	—	—
	总数	4661.178	904	—	—	—

（续表）

措施编号		平方和	df	均方	F	显著性
5	组间	10.027	3	3.342	1.233	0.296
	组内	2442.190	901	2.711	—	—
	总数	2452.217	904	—	—	—
6	组间	3.067	3	1.022	0.498	0.684
	组内	1850.727	901	2.054	—	—
	总数	1853.794	904	—	—	—
7	组间	10.964	3	3.655	1.828	0.140
	组内	1801.606	901	2.000	—	—
	总数	1812.570	904	—	—	—
8	组间	4.034	3	1.345	0.929	0.426
	组内	1303.608	901	1.447	—	—
	总数	1307.642	904	—	—	—
9	组间	6.018	3	2.006	1.214	0.304
	组内	1489.169	901	1.653	—	—
	总数	1495.187	904	—	—	—
10	组间	8.025	3	2.675	0.843	0.470
	组内	2857.560	901	3.172	—	—
	总数	2865.585	904	—	—	—
11	组间	8.939	3	2.980	1.728	0.160
	组内	1553.751	901	1.724	—	—
	总数	1562.690	904	—	—	—

（续表）

措施编号		平方和	df	均方	F	显著性
12	组间	20.303	3	6.768	4.146	0.006*
	组内	1470.819	901	1.632	—	—
	总数	1491.123	904	—	—	—
13	组间	15.711	3	5.237	0.928	0.178
	组内	1611.560	901	1.789	—	—
	总数	1627.271	904	—	—	—
14	组间	2.850	3	0.950	0.415	0.743
	组内	2064.647	901	2.292	—	—
	总数	2067.496	904	—	—	—
15	组间	3.221	3	1.074	0.456	0.713
	组内	2121.420	901	2.355	—	—
	总数	2124.641	904	—	—	—
16	组间	8.635	3	2.878	1.292	0.276
	组内	2006.839	901	2.227	—	—
	总数	2015.474	904	—	—	—
17	组间	8.426	3	2.809	1.452	0.226
	组内	1743.414	901	1.935	—	—
	总数	1751.841	904	—	—	—
18	组间	16.561	3	5.520	3.340	0.019*
	组内	1489.311	901	1.653	—	—
	总数	1505.872	904	—	—	—

（续表）

措施编号		平方和	df	均方	F	显著性
19	组间	6.731	3	2.244	1.294	0.275
	组内	1561.870	901	1.733	—	—
	总数	1568.601	904	—	—	—
20	组间	5.259	3	1.753	0.700	0.552
	组内	2255.267	901	2.503	—	—
	总数	2260.526	904	—	—	—
21	组间	8.159	3	2.720	0.974	0.404
	组内	2514.973	901	2.791	—	—
	总数	2523.131	904	—	—	—
22	组间	11.561	3	3.854	1.109	0.345
	组内	3131.328	901	3.475	—	—
	总数	3142.888	904	—	—	—
23	组间	14.544	3	4.848	1.858	0.135
	组内	2350.468	901	2.609	—	—
	总数	2365.012	904	—	—	—
24	组间	4.383	3	1.461	0.607	0.611
	组内	2168.883	901	2.407	—	—
	总数	2173.266	904	—	—	—
25	组间	4.679	3	1.560	1.009	0.388
	组内	1392.905	901	1.546	—	—
	总数	1397.585	904	—	—	—

（续表）

措施编号		平方和	df	均方	F	显著性
26	组间	1.467	3	0.489	0.254	0.858
	组内	1734.250	901	1.925	—	—
	总数	1735.717	904	—	—	—
27	组间	11.637	3	3.879	1.608	0.186
	组内	2172.854	901	2.412	—	—
	总数	2184.491	904	—	—	—
28	组间	12.504	3	4.168	1.660	0.174
	组内	2262.561	901	2.511	—	—
	总数	2275.065	904	—	—	—
29	组间	43.190	3	14.397	3.508	0.015 *
	组内	3697.650	901	4.104	—	—
	总数	3740.840	904	—	—	—
30	组间	0.727	3	0.242	0.128	0.944
	组内	1706.636	901	1.894	—	—
	总数	1707.364	904	—	—	—
31	组间	16.265	3	5.422	1.728	0.160
	组内	2827.397	901	3.138	—	—
	总数	2843.662	904	—	—	—
32	组间	15.560	3	5.187	2.857	0.036 *
	组内	1635.662	901	1.815	—	—
	总数	1651.222	904	—	—	—

（续表）

措施编号		平方和	df	均方	F	显著性
33	组间	6.075	3	2.025	0.821	0.483
	组内	2223.355	901	2.468	—	—
	总数	2229.430	904	—	—	—
34	组间	5.931	3	1.977	0.928	0.426
	组内	1918.588	901	2.129	—	—
	总数	1924.519	904	—	—	—
35	组间	7.515	3	2.505	1.069	0.361
	组内	2111.419	901	2.343	—	—
	总数	2118.935	904	—	—	—
36	组间	4.994	3	1.665	0.758	0.518
	组内	1978.592	901	2.196	—	—
	总数	1983.587	904	—	—	—
37	组间	8.444	3	2.815	1.364	0.252
	组内	1858.756	901	2.063	—	—
	总数	1867.200	904	—	—	—
38	组间	8.245	3	2.748	1.183	0.315
	组内	2093.500	901	2.324	—	—
	总数	2101.746	904	—	—	—
39	组间	6.233	3	2.078	1.336	0.261
	组内	1401.093	901	1.555	—	—
	总数	1407.326	904	—	—	—

(续表)

措施编号		平方和	df	均方	F	显著性
40	组间	4.332	3	1.444	0.566	0.637
	组内	2297.100	901	2.550	—	—
	总数	2301.432	904	—	—	—
41	组间	14.995	3	4.998	1.531	0.205
	组内	2941.188	901	3.264	—	—
	总数	2956.183	904	—	—	—
42	组间	2.995	3	0.998	0.298	0.827
	组内	2751.820	820	3.356	—	—
	总数	2754.816	823	—	—	—

注：显著性一栏"*"表示差异在0.05水平上显著，无"*"表示不显著。

根据表5-11的结果，42项措施中只有5项措施的均值差异检验结果为显著，这5项措施为1号、12号、18号、29号和32号(措施描述详见附录2)。说明四种评价角色交叉组合中至少有一对角色对这5项措施必要程度的认识存在显著差异；且由于这5项措施的 F 值均大于1，因此可断定差异来自于组间，即角色不同导致的。四种评价角色对其余37项措施的认识则差异不显著。因此，下面将对四类角色对5项措施的认识差异进行两两比较，其余37项措施不再进行两两比较。

通过ANOVA方差齐次性检验的结果如表5-12所示。

表5-12　方案二的措施方差齐次性检验结果

措施编号	Levene统计量	df1	df2	显著性
1	1.575	3	901	0.194
12	2.450	3	901	0.062

（续表）

措施编号	Levene 统计量	df1	df2	显著性
18	1.693	3	901	0.167
29	2.049	3	901	0.105
32	0.405	3	901	0.749

从表5-12可以看出,所有5项待检验措施的方差均为齐性,因此可统一使用LSD方法进行ANOVA检验的事后两两比较。

2. 四种评价角色的措施方差分析两两比较

将四种评价角色对措施的方差分析结果汇总如表5-13所示。

表5-13 按方案二四种评价角色的问题方差分析结果汇总

评价角色组合	差异不显著	左侧角色认为的必要程度高于右侧	左侧角色认为的必要程度低于右侧
(1) 被评价者与评审者	所有42项措施	无	无
(2) 被评价者与评价组织者	其余38项措施	1号、12号、18号、38号（共4项措施）	无
(3) 被评价者与评价研究者	其余39项措施	1号和18号（共2项措施）	29号
(4) 评审者与评价组织者	其余40项措施	12号、38号	无
(5) 评审者与评价研究者	其余41项措施	无	29号
(6) 评价组织者与评价研究者	其余40项措施	无	12号、38号（共2项措施）

在6组对比中,两两比较的评价角色对绝大多数或全部42项评价管控措施必要程度的认识,不存在显著差异;仅在个别措施上,不同角色的认识差异显著。总体上,对于这些存在显著差异的措施,四类角色对措施必要程

度的认识从大到小依次为评价研究者、被评价者、评审者和评价组织者。从具体措施来看,对于明确列出的5项措施,不同评价角色所认为的措施必要程度更易于产生显著差异,应引起充分关注。具体情况如下:

就被评价者与评审者而言,对于所列出的5项措施,被评价者和评审者认为的措施必要程度差异均不显著。结合前文的分析可说明,在问卷所列的中国人文社科学术评价的全部42项措施,这两类角色对措施必要程度的认识差异均不显著。

就被评价者与评价组织者而言,两类角色认为29号措施的必要程度差异不显著,对其余4项措施来讲,被评价者认为的必要程度均显著高于评价组织者。结合前文的分析可说明,对于问卷所列的中国人文社科学术评价的绝大多数措施(38/42),被评价者与评价组织者两类角色认为的措施必要程度差异不显著,对于个别措施(1号、12号、18号和38号四项措施),被评价者所认为的必要程度显著高于评价组织者。

就被评价者与评价研究者而言,这两类角色认为12号和38号措施的必要程度差异不显著,对1号和18号措施,被评价者所认为的必要程度均显著高于评价研究者,对29号措施,被评价者所认为的必要程度显著低于评价研究者。结合前文的分析可说明,对于问卷所列的中国人文社科学术评价绝大多数措施(40/42),这两类角色认为的措施必要程度差异不显著,仅对个别措施(1号和18号两项措施),被评价者所认为的必要程度显著高于评价研究者。

就评审者与评价组织者而言,两类角色认为1号、18号和38号措施的必要程度差异不显著,对12号和38号措施,评审者所认为的必要程度均显著高于评价组织者。结合前文的分析可说明,对于问卷所列的中国人文社科学术评价的绝大多数措施(40/42),评审者与评价组织者两类角色认为的措施必要程度差异不显著,仅对个别措施(12号和38号两项措施),评审者所认为的必要程度显著高于评价组织者。

就评审者与评价研究者而言,对于所列出除了29号措施以外的4项措施,评审者与评价研究者认为的措施必要程度差异均不显著。对于29号措施,评审者所认为的措施必要程度,显著低于评价研究者。结合前文的分析可说明,对于问卷所列的中国人文社科学术评价的绝大多数措施(41/42),评审者与评价研究者认为的措施必要程度的差异不显著,只有29号措施例外。

就评价组织者与评价研究者而言,两类角色认为1号、18号和29号措施的必要程度差异不显著,对12号和38号措施,评价研究者所认为的必要程度均显著高于评价组织者。结合前文的分析可说明,对于问卷所列的中国人文社科学术评价的绝大多数措施(40/42),这两类角色认为的措施必要程度的认识差异不显著,仅对个别措施(12号和38号两项措施),评价研究者所认为的必要程度显著高于评价组织者。

5.3 不同评价角色对存在问题与管控措施认识的相关分析

在理论上,某评价角色认为的评价问题越严重,其认为的相关管控措施的必要程度也应越高。但由本章前文分析可知,事实并非如此:不同评价角色对评价存在重要问题严重程度的认识差异较为显著,但对管控措施必要程度的认识差异则不大。

为此,可将受访者对管控措施必要程度的认识当作"参照物",表示人文社科学术成果评价的"客观实际",并将不同评价角色所认为的评价存在重要问题严重程度与之作相关分析,以判断哪种评价角色的认识更为"符合客观实际"。从逻辑上讲,相关系数越高则表示该角色所认为的问题严重程度越符合客观实际,相关系数越低,则表示该角色所认为的问题严重程度与客观实际相脱离。

相关分析(correlation analysis),是研究现象之间是否存在某种依存关系,并对具体有依存关系的现象探讨其相关方向以及相关程度(相关关系),进行研究的一种统计方法。相关关系是一种非确定性的关系,例如,以 X 和 Y 分别记一个人的身高和体重,或分别记每公顷施肥量与每公顷小麦产量,则 X 与 Y 显然有关系,而又没有确切到可由其中的一个去精确地决定另一个的程度,这就是相关关系。

线性相关分析是相关分析中的一种重要类似那个。研究两个变量间线性关系的程度。用相关系数 r 来描述。

(1) 正相关：如果 x,y 变化的方向一致,如身高与体重的关系,$r>0$；一般地,

$|r| \geqslant 0.95$ 存在显著性相关；

$|r| \geqslant 0.8$ 高度相关；

$0.5 \leqslant |r| < 0.8$ 中度相关；

$0.3 \leqslant |r| < 0.5$ 低度相关；

$|r| < 0.3$ 关系极弱,认为不相关。

(2) 负相关：如果 x,y 变化的方向相反,如吸烟与肺功能的关系,$r<0$。

(3) 无线性相关：$r=0$。

如果变量 Y 与 X 间是函数关系,则 $r=1$ 或 $r=-1$；如果变量 Y 与 X 间是统计关系,则 $-1<r<1$。

(4) r 的计算有三种：

① Pearson 相关系数：对定距连续变量的数据进行计算。

② Spearman 和 Kendall 相关系数：对分类变量的数据或变量值的分布明显非正态或分布不明时,计算时先对离散数据进行排序或对定距变量值排(求)秩。

由于评价存在的问题共有 32 个,管控措施有 42 项,对于问题和措施"一对多"的情况,将取多项措施的平均值进行计算。相关分析将主要采用 Spearman 相关系数,并辅以 Pearson 和 Kendall 相关系数。这一统计分析思路只是一种探索性尝试,且由于方案二中,评价角色对问题严重程度的认识差异显著性更强(前文界定的方案一和方案二如本书第 5.1 节所示),因此下面将仅按照方案二的数据处理方式,对不同评价角色认为的问题严重程度,与受访者总体认为的措施必要程度数据做相关分析。

根据方案二,把四种评价角色认为的问题严重程度数据,与受访者总体认为的措施必要程度数据进行相关分析得到的结果如表 5-14 所示。

表 5-14 按方案二不同评价角色对问题和措施认识的 Spearman 相关系数

Spearman		受访者认为的措施必要程度	四类角色对问题严重程度的认识			
			被评价者	评审者	评价组织者	评价研究者
受访者认为的措施必要程度		1	—	—	—	—
四类角色对问题严重程度的认识	被评价者	0.775*	1	—	—	—
	评审者	0.184*	0.300*	1	—	—
	评价组织者	0.141*	0.380*	0.601*	1	—
	评价研究者	0.842*	0.798*	0.325*	0.304*	1

注:"*"表示检验在 0.05 水平上显著,无"*"表示不显著。

从表 5-14 可以看出,将四种评价角色对问题严重程度的认识,与受访者总体对管控措施必要程度的认识作相关分析发现:四类角色认为的问题严重程度与受访者总体认为的管控措施必要程度均呈显著正相关,但相关系数不甚一致。其中,被评价者和评价研究者与总体的相关系数相对明显较高,评审者和评价组织者的相关系数相对明显较低,这从某种程度说明被评价者和评价研究者两类角色认为的评价问题严重程度更为符合客观状况,评价组织者和评审者认为的严重程度,则有可能低于客观实际。然而,这一结论只提供了一种可能性,因为四种评价角色的样本数量不同,其中被评价者和评审者的样本数量(461 和 301)明显高于评价组织者和评价研究者的样本数量(89 和 53),所以,相关分析结果很可能受到前两类角色的影响更大。因此,上述结论仍待更深入的研究和更有力的证据验证。

同时,表 5-14 中四种评价角色认为的问题严重程度的两两比较相关系数,再次印证了第 5.1 节的均值差异显著性检验的结果,即被评价者与评价研究者的认识相关度、评审者与评价组织者的认识相关度更高,两类角色之间的认识相关度相对较低。

此外,还采用 Pearson 和 Kendall 相关系数进行了统计分析,得出的结论与 Spearman 结果类似,此处不再赘述。

此外,根据相关分析,被评价者和评价研究者两类角色对评价问题严重程度的认识更为符合客观状况,评价组织者和评审者认为的严重程度,则可能低于客观实际。当然,仅以相关分析结果来说明这一结论,显然力度较弱。这一结论是否成立需要未来进行更深入的研究和更多的证据。

5.4 不同评价角色与受访者背景的交互分析

根据前文分析可知,不同评价角色对中国人文社科学术成果评价的认识有所差异。然而,这些差异有可能同时受到其他因素的影响,比如受访者的职称、学历等。为此,本节专门针对受访者背景和所处评价角色对评价认识差异所产生的交互效应展开分析。

问卷第一部分的第 2~5 题分别采集了受访者的学科背景、职称、学历和单位类型信息,本节的分析将主要针对这些数据与评价角色对问卷第 2 至第 6 部分的回答数据进行交互分析。问卷内容详见附录 2。

分析时采用多变量一般线性模型中的"全因子模型",分析因子方差之间的交互关系。要进行交互分析的因子组合包括如下四对:

(1) 受访者的学科类型与评价角色的交互分析;
(2) 受访者的职称与评价角色的交互分析;
(3) 受访者的最高学历与评价角色的交互分析;
(4) 受访者的单位类型与评价角色的交互分析。

分析的变量包括两大类,一是问卷第 8、11、14、17 题的评价问题严重程度;二是问卷第 20 题的评价管控措施必要程度。在分析时,统一采用第 5 章所阐释的方案二对数据进行处理,这种处理方式有助于放大不同评价角色之间的差异性。这样,各题目有效样本均为 904 个,其中被评价者、评审者、评价组织者和评价研究者四类角色的有效样本数量依次为 461、301、89 和 53 份。

5.4.1 受访者学科类型与评价角色的交互分析

受访者的学科类型,按照本书图 1-2 所示分为四类。其中有一类(跨人文社科与理工农医领域学科)的样本数量小于 30 份,因而不进行统计,只对超过 30 份的三类学科类型进行统计。这三类学科类型是只从事人文学科(包括语言文学、历史学、艺术学和哲学四大类)的、只从事社会科学学科(除了四类人文学科以外的其他所有学科)的以及跨人文、社会科学学科(跨上述两类学科)的受访者,其有效样本依次为 271、524 和 96 份。

通过对不同学科类型受访者对评价存在重要问题的认识分析发现:对于大多数评价存在重要问题而言,不同学科类型受访者认为的问题严重程度差异不显著。差异显著的问题包括 4 号、18 号和 19 号(问题内容详见附录 2,因本书的研究重点是"评价角色",因此关于此问题的具体差异数据省略)。

通过对受访者学科类型与评价角色的交互分析发现,对于大多数评价存在重要问题而言,不同学科类型与评价角色受访者对问题严重程度的认识无显著交互效应。仅对于 20 号、22 号和 23 号三个问题,学科类型与评价角色的认识产生了显著交互效应,如图 5-2 所示。

根据图 5-2,对于 20 号和 22 号两个问题,评审者和评价研究者对问题严重程度的认识出现了交互效应,即在只从事人文学科的受访者中,评审者所认为的问题严重程度高于评价研究者,这与只从事社会科学和跨人文社会科学受访者的情况不同,在后一种情况下,评价研究者认为的严重程度更高。20 号和 22 号两个问题分别是"'评价指挥棒'明显导致了学术研究的僵化""当前评价过于重视短期绩效,致使学术急功近利"。

关于 23 号问题"当前评价体系对创新导向的体现不足"严重程度的认识,交互效应较为复杂。总体上,评审者与评价组织者两种评价角色的认识

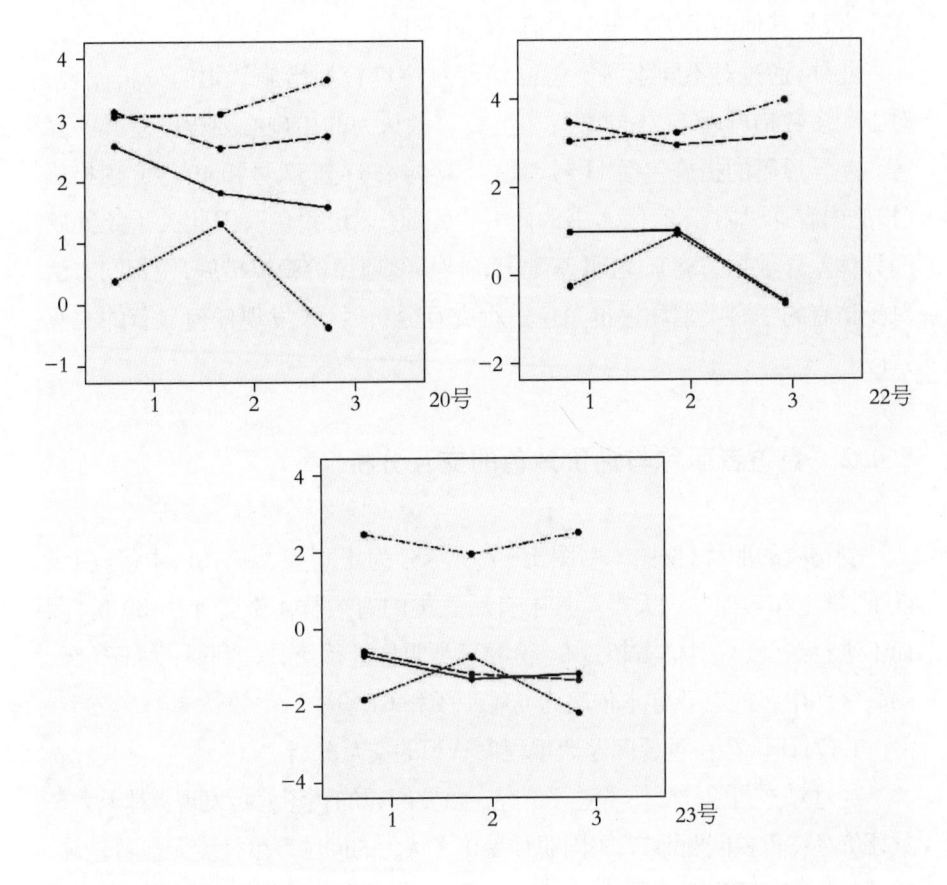

5 不同评价角色对评价管控问题和措施的认识差异分析

注：上图中，横轴表示受访者的学科类型，"1"表示只从事人文学科；"2"表示只从事社会科学；"3"表示跨人文、社会科学。纵轴表示受访者认为的问题严重程度得分（-5至5分）。不同评价角色用不同线形表示。

┈┈ 被评价者　---- 评审者　—— 评价组织者　—·— 评价研究者

图5-2　学科类型与评价角色对问题严重程度的认识呈显著交互效应的问题

较为相似，但被评价者与这两类角色的认识呈现出显著的交互效应。即在只从事社会科学的受访者中，被评价者认为的问题严重程度低于评审者与评价组织者，这与只从事人文学科和跨人文、社会科学受访者的情况刚好相反，在后一种情况下，被评价者认为的问题严重程度比另外两类角色更高。此外，在跨人文、社会科学受访者中，评价组织者认为的问题严重程度高于

— 161 —

评审者,与其他两类学科类型的情况刚好相反。

此外,通过对不同学科类型受访者对评价管控措施认识的分析发现:对于大多数措施而言,不同学科类型受访者认为的措施必要程度差异不显著。差异显著的措施包括 11 号、31 号、33 号、36 号、37 号和 40 号 6 项措施(措施内容详见附录 2,因本书的研究重点是"评价角色",因此关于此问题的具体差异数据省略)。在此基础上,针对 42 项评价管控措施,用相同方法对受访者的学科类型和评价角色进行交互分析时,未发现任何显著的交互效应。

5.4.2 受访者职称与评价角色的交互分析

受访者的职称,按照本书图 1-7 所示分为正高级、副高级、中级、中级以下、学生和其他共六大类。其中有后三类的有效样本数量小于 30 份,因而不进行统计,只对样本超过 30 份的三类职称进行统计,即职称为正高级、副高级和中级的有效样本依次为 631、194 和 61 份。

1. 对评价存在重要问题严重程度认识的交互分析

通过对不同职称受访者对评价存在重要问题的认识分析发现:对于大多数评价存在重要问题而言,不同职称受访者认为的问题严重程度无显著差异。差异显著的问题包括 2 号、18 号和 19 号共 3 个问题(问题内容详见附录 2,因本书的研究重点是"评价角色",因此关于此问题的具体差异数据省略)。

通过对受访者职称与评价角色的交互分析发现,对于大多数评价存在重要问题而言,不同职称与评价角色对问题严重程度的认识无显著交互效应。仅对于 9 号、11 号、20 号、22 号和 23 号五个问题,职称与评价角色的认识产生了显著交互效应,如图 5-3 所示。

根据图 5-3,对于 9 号问题"成果常因作者的'名气'而获得过高或过低的评价"和 11 号问题"很难准确判断成果的创新性和创新程度",呈现的显著交互效应分两种情况:第一,被评价者和评价组织者对其严重程度的认识出现了交互效应,即正高级职称的受访者中,评价组织者认为的问题严

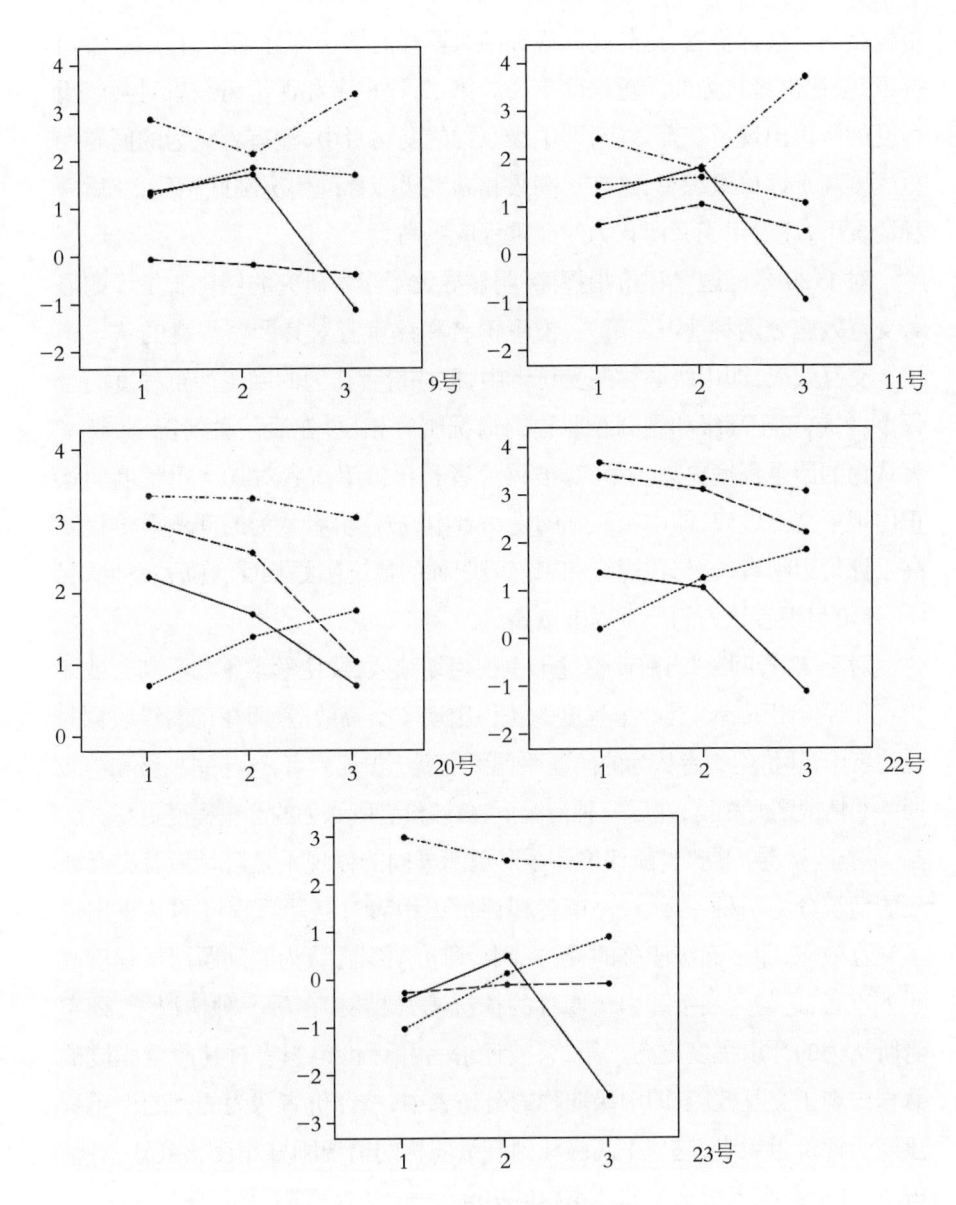

5 不同评价角色对评价管控问题和措施的认识差异分析

注：上图中，横轴表示受访者职称，"1"表示正高级；"2"表示副高级；"3"表示中级。纵轴表示受访者认为的问题严重程度得分(−5 至 5 分)。不同评价角色用不同线形表示。

...... 被评价者　---- 评审者　—— 评价组织者　—·— 评价研究者

图 5-3　职称与评价角色对问题严重程度的认识呈显著交互效应的问题

重程度高于被评价者,这与副高级和中级职称的情况刚好相反,在后一种情况下,被评价者认为的严重程度更高。第二,评审者和评价组织者对其严重程度的认识出现了交互效应,即中级职称的受访者中,评审者认为的问题严重程度高于评价组织者,这与正高级和副高级职称的情况刚好相反,在后一种情况下,评价组织者所认为的严重程度更高。

对于20号问题"'评价指挥棒'明显导致了学术研究的僵化",呈现的显著交互效应分两种情况:第一,被评价者和评审者对其严重程度的认识出现了交互效应,即中级职称的受访者中,被评价者认为的问题严重程度高于评审者,这与正高级和副高级职称的情况刚好相反,在后一种情况下,评审者认为的严重程度更高。第二,被评价者和评价组织者对其严重程度的认识出现了交互效应,即中级职称的受访者中,被评价者认为的问题严重程度高于评价组织者,这与正高级和副高级职称的情况刚好相反,在后一种情况下,评价组织者认为的严重程度更高。

对于22号问题"当前评价过于重视短期绩效,致使学术急功近利",被评价者和评价组织者对其严重程度的认识出现了交互效应,即在正高级职称的受访者中,评价组织者认为的问题严重程度高于被评价者,这与副高级和中级职称的情况刚好相反,在后一种情况下,被评价者所认为的严重程度更高。

对于23号问题"当前评价体系对创新导向的体现不足",呈显著交互效应的情况分为两种:第一,评审者和评价组织者对其严重程度的认识出现了交互效应,即正高级职称的受访者中,评价组织者认为的问题严重程度高于评审者,这与副高级和中级职称的情况刚好相反,在后一种情况下,评审者所认为的严重程度更高。第二,被评价者和评价组织者对其严重程度的认识出现了交互效应,即中级职称的受访者中,被评价者认为的问题严重程度高于评价组织者,这与正高级和副高级职称的情况刚好相反,在后一种情况下,评价组织者所认为的严重程度更高。

2. 对评价管控措施必要程度认识的交互分析

通过对不同职称受访者对评价管控措施的认识分析发现:对于大多数措施而言,不同职称受访者认为的必要程度无显著差异。差异显著的措施

5 不同评价角色对评价管控问题和措施的认识差异分析

包括7号、8号、9号、10号、11号、12号、18号、19号、25号、33号、34号和42号12项措施(因本书的研究重点是"评价角色",因此关于此问题的具体差异数据省略)。这一数量明显高于在学科类型、学历和单位类型三类背景中呈显著差异的措施数量,说明职称对受访者认为的评价改进问题必要程度产生的影响相对更为显著。

通过对受访者职称与评价角色的交互分析发现,对于大多数评价管控措施而言,职称与评价角色对措施必要程度的认识无显著交互效应。仅对于5号、12号和42号三项措施,职称与评价角色产生了显著交互效应,如图5-4所示。

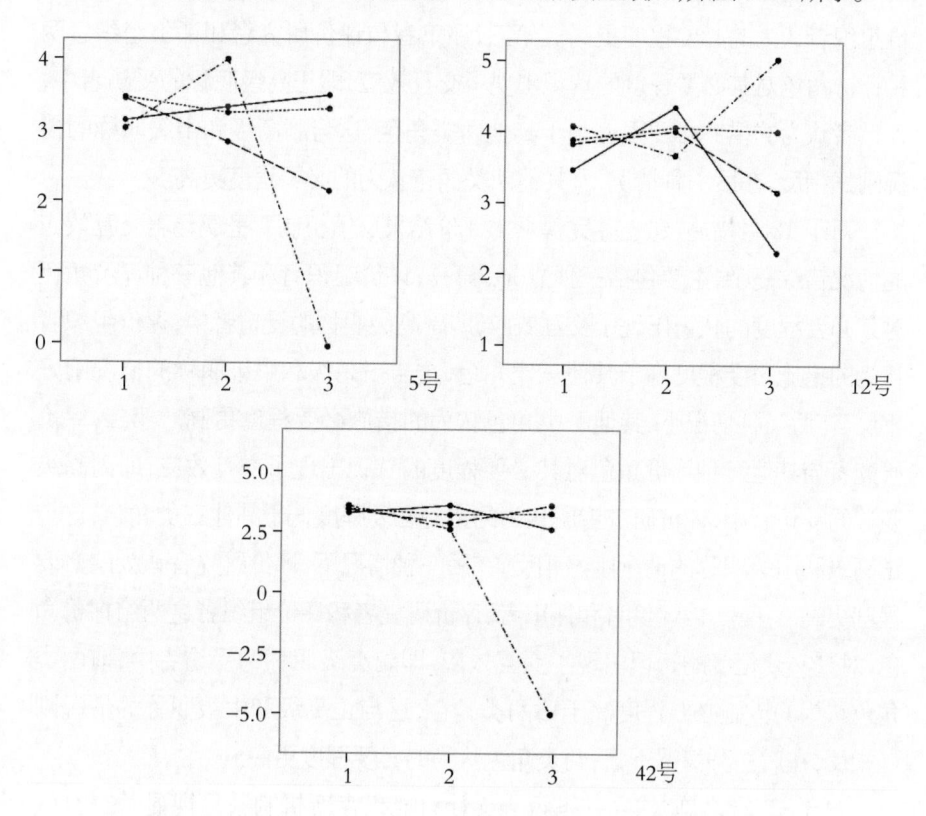

注:上图中,横轴表示受访者职称,"1"表示正高级;"2"表示副高级;"3"表示中级。纵轴表示受访者认为的措施必要程度得分(-5至5分)。不同评价角色用不同线形表示。

……被评价者　----评审者　——评价组织者　—·—评价研究者

图5-4　职称与评价角色对措施必要程度的认识呈显著交互效应的措施

根据图5-4,对于5号措施"加强基于'代表作'的同行评议制度",呈现显著交互效应的情况错综复杂,主要包括三种情况:第一,评价研究者和其他三种评价角色对其必要程度的认识出现了交互效应,即副高级职称的受访者中,评价研究者认为的措施必要程度高于其他三类角色,这与正高级和中级职称的情况刚好相反,在后一种情况下,其他三类角色认为的必要程度更高。第二,评价组织者与评审者和被评价者两种评价角色对其必要程度的认识出现了交互效应,即正高级职称的受访者中,评价组织者认为的措施必要程度低于其他两类角色,这与副高级和中级职称的情况刚好相反,在后一种情况下,评价组织者认为的必要程度更高。第三,评审者与评价研究者和评价组织者两种评价角色对其必要程度的认识出现了交互效应,即正高级职称的受访者中,评审者认为的措施必要程度高于其他两类角色,这与副高级和中级职称的情况刚好相反,在后一种情况下,其他两类角色认为的必要程度更高。

对于12号措施"建立并完善学术评价结果反馈机制",呈现显著交互效应的情况错综复杂,主要包括三种情况:第一,评价组织者和其他三种评价角色对其必要程度的认识出现了交互效应,即副高级职称的受访者中,评价组织者认为的措施必要程度高于其他三类角色,这与正高级和中级职称的情况刚好相反,在后一种情况下,其他三类角色认为的措施必要程度更高。第二,评价研究者与其他三种评价角色对其必要程度的认识出现了交互效应,即副高级职称的受访者中,评价研究者所认为的措施必要程度低于其他三类角色,这与正高级和中级职称的情况刚好相反,在后一种情况下,评价研究者认为的必要程度更高。第三,被评价者和评审者、评价研究者和评价组织者这两组评价角色,对其必要程度的认识出现了交互效应,即副高级职称的受访者中,前两类角色认为的措施必要程度高于后两类角色,这与正高级和中级职称的情况刚好相反,在后一种情况下,后两类角色认为的必要程度更高。

对于42号措施"建立并推行人文社科成果查新机制",呈现显著交互效应的情况也很错综复杂,主要包括三种情况:第一,评价组织者与其他三种评价角色对其必要程度的认识出现了交互效应,即副高级职称的受访者中,评价组织者认为的措施必要程度高于其他三类角色,这与正高级和中级职称的情况刚好相反,在后一种情况下,其他三类角色认为的必要程度更高。第二,评价研究者与其他三种评价角色对其必要程度的认识出现了交互效应,即正高级职称的受访者中,评价研究者认为的措施必要程度低于其他三类角色,这与副高级和中级职称的情况刚好相反,在后一种情况下,评价研究者认为的必要程度更高。第三,被评价者与评审者对其必要程度的认识出现了交互效应,即中级职称的受访者中,评审者所认为的措施必要程度高于被评价者,这与正高级和副高级职称的情况刚好相反,在后一种情况下,被评价者认为的必要程度更高。

需要说明的是,在受访者学科类型、职称、最高学历和单位类型四个背景与受访者的评价角色进行交互分析时,只有职称与评价角色对评价管控措施必要程度的认识呈现出如上显著交互效应,其他三类背景均未发现显著交互。

3. 受访者学历与评价角色的交互分析

受访者的最高学历,按照本书第1章中的图1-8所示分为博士、硕士、本科、本科以下和其他五大类。其中后两类的样本数量小于30份,因而不进行统计,只对超过30份的三类最高学历进行统计。受访者学历为博士、硕士、本科的有效样本依次为:635、159和106份。

通过对不同学历受访者对评价存在重要问题严重程度的分析发现:对于大多数问题而言,不同学历受访者认为的严重程度无显著差异。差异显著的问题包括1号、3号、5号、6号、7号、8号、11号、18号、19号、20号、30号和31号12个问题(问题内容详见附录2,因本书的研究重点是"评价角色",因此关于此问题的具体差异数据省略)。这一数量明显高于在学科类型、支撑和单位类型三类背景中呈显著差异的问题数量,说明学历对受访者认为的评价存在重要问题严重程度产生的影响相对更为显著。

通过对受访者学历与评价角色的交互分析发现,对于大多数评价存在重要问题而言,不同学历与评价角色对问题严重程度的认识无显著交互效应。仅对于2号、3号、10号、12号、17号、21号、22号、23号、29号共9个问题,学历与评价角色产生了显著交互效应。这一数量明显高于在学科类型、职称和单位类型三类背景中呈显著交互效应的问题数量,说明学历与评价角色对受访者认为的评价存在重要问题严重程度产生的交互影响相对更为显著。这9个问题的交互效应如图5-5所示。

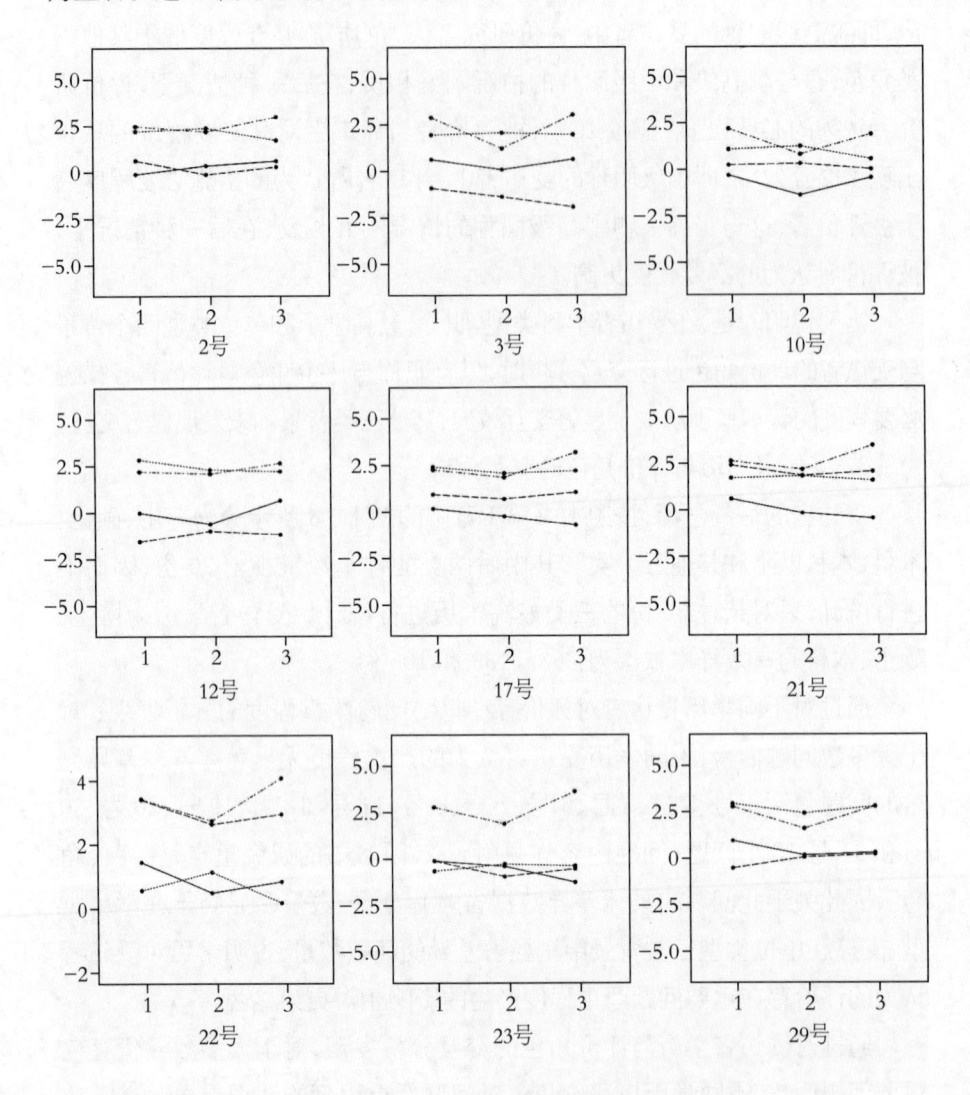

注：上图中，横轴表示受访者最高学历，"1"表示博士；"2"表示硕士；"3"表示本科。纵轴表示受访者认为的问题严重程度得分（-5至5分）。不同评价角色用不同线形表示。

······ 被评价者　- - - - 评审者　——— 评价组织者　—·—·— 评价研究者

图5-5　学历与评价角色对问题严重程度的认识呈显著交互效应的问题

5 不同评价角色对评价管控问题和措施的认识差异分析

根据图5-5,对于2号问题"一些评价活动组织部门不专业,缺少理论和方法支撑",呈现显著交互效应的情况分为两种:第一,被评价者与评价研究者对其严重程度的认识出现了交互效应,即硕士学历的受访者中,被评价者认为的问题严重程度高于评价研究者,这与博士和本科受访者的情况刚好相反,在后一种情况下,评价研究者认为的严重程度更高。第二,评审者与评价组织者对其严重程度的认识出现了交互效应,即博士学历的受访者中,评审者认为的问题严重程度高于评价组织者,这与硕士、本科学历的受访者的情况刚好相反,在后一种情况下,评价组织者认为的严重程度更高。

对于3号问题"常常出现'外行评内行'的情况"和10号问题"许多评价过于重视成果形式评价,而非内容质量评价",被评价者与评价研究者对其严重程度的认识呈现显著交互效应,即硕士学历的受访者中,评价研究者认为的问题严重程度低于被评价者,这与博士和本科学历的受访者的情况刚好相反,在后一种情况下,评价研究者认为的严重程度更高。

对于12号问题"当前评价过于注重成果数量、看轻成果质量"和17号问题"评估指标的逻辑关系或权重分配不合理时有发生",被评价者与评价研究者对其严重程度的认识呈现显著交互效应,即本科学历的受访者中,评价研究者认为的问题严重程度高于被评价者,这与博士、硕士学历的受访者的情况刚好相反,在后一种情况下,被评价者认为的严重程度更高。

对于21号问题"许多评价活动的理念目标不明确、不正确或不合理",被评价者和评审者对其严重程度的认识呈现显著交互效应,即硕士学历的受访者中,被评价者认为的问题严重程度高于评审者,这与其他两种学历的情况刚好相反,在后一种情况下,评审者认为的严重程度更高。

对于22号问题"当前评价过于重视短期绩效,致使学术急功近利",呈现显著交互效应的情况分为两种:第一,评审者与评价研究者对其严重程度的认识出现了交互效应,即博士学历的受访者中,评审者所认为的问题严重程度高于评价研究者,这与硕士、本科学历的受访者的情况刚好相反,在后一种情况下,评价研究者认为的严重程度更高。第二,被评价者和评价组织者对其严重程度的认识出现了交互效应,即硕士学历的受访者中,被评价者认为的问题严重程度高于评价组织者,这与博士、本科学历的受访者的情况刚好相反,在后一种情况下,评价组织者认为的严重程度更高。

对于23号问题"当前评价体系对创新导向的体现不足",呈现显著交互效应的情况主要集中在除了评价研究者以外的三种角色,不同学历的被评价者、评审者和评价组织者对问题严重程度的认识呈显著交互效应。交互效应错综复杂,具体包括:第一,博士学历的受访者中,被评价者与评价组织者和评审者两类角色对其严重程度的认识出现了交互效应,即被评价者认为的问题严重程度低于其他两类角色,这与硕士、本科学历的受访者的情况刚好相反,在后一种情况下,被评价者认为的严重程度更高。第二,硕士学历的受访者中,评审者与被评价者和评价组织者认为的严重程度出现了交互效应,即评审者认为的问题严重程度低于其他两类角色,在本科学历的受访者中,评审者认为的问题严重程度则高于评价组织者、低于被评价者。

此外,通过对不同学历受访者认为的评价管控措施认识的分析发现:对于约一半的措施而言,不同学历受访者认为的措施必要程度呈显著差异,另一半措施差异不显著。差异显著的措施包括1号、2号、6号、7号、12号、13号、19号、26号～34号、36号～42号23项措施(措施内容详见附录2,因本书的研究重点是"评价角色",因此关于此问题的具体差异数据省略)。呈显著差异措施的数量明显高于在学科类型、支撑和单位类型三类背景中的同类数据,说明学历对受访者认为的评价管控措施必要程度产生的影响相对更为显著。然而,针对42项评价管控措施,用相同方法对受访者的最高学历和评价角色进行交互分析时,未发现任何显著的交互效应。

4. 受访者单位类型与评价角色的交互分析

受访者的单位类型,按照本书第一章中的图1-9所示分为五类:"211"高校、非"211"高校、国家级科研机构(如中国社科院)、其他级别科研机构(如省级社科院)和其他类型单位。这五大类的有效样本依次为402、284、92、68和59份,每类有效样本数量均超过30份。

通过对来自不同类型单位受访者对评价存在重要问题的认识分析发现:对于大多数问题而言,不同单位类型受访者认为的问题严重程度无显

5 不同评价角色对评价管控问题和措施的认识差异分析

著差异。差异显著的问题包括5号、7号、14号、16号、26号和32号(问题内容详见附录2,因本书的研究重点是"评价角色",因此关于此问题的具体差异数据省略)。

通过对受访者单位类型与评价角色的交互分析发现,对于大多数评价存在重要问题而言,不同单位类型与评价角色对问题严重程度的认识无显著交互效应。仅对于3号、15号和30号三个问题,单位类型与评价角色的认识产生了显著交互效应,如图5-6所示。

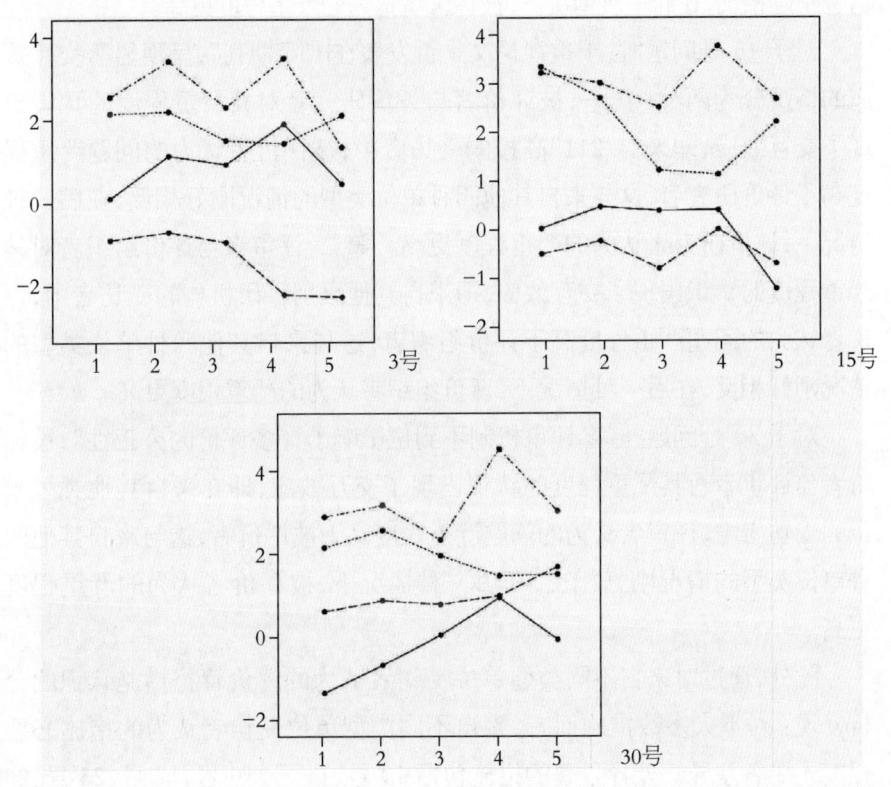

注:上图中,横轴表示受访者所在单位类型,"1"表示"211"高校,"2"表示非"211"高校,"3"表示国家级科研机构,"4"表示其他级别科研机构,"5"表示其他类型单位。纵轴表示受访者认为的"问题严重程度得分"(-5至5分)。不同评价角色用不同线形表示。

...... 被评价者　- - - - 评审者　——— 评价组织者　—·— 评价研究者

图5-6　单位类型与评价角色对问题严重程度的认识呈显著交互效应的问题

根据图 5-6,对于 3 号问题"常常出现'外行评内行'的情况",呈现显著交互效应的情况分为两种:第一,被评价者与评价研究者对其严重程度的认识出现了交互效应,即来自其他类型单位的受访者中,被评价者所认为的问题严重程度高于评价研究者,这与来自其他四种单位类型的情况刚好相反,在后一种情况下,评价研究者认为的严重程度更高。第二,被评价者与评价组织者对其严重程度的认识出现了交互效应,即来自其他级别科研机构的受访者中,评价组织者认为的问题严重程度高于被评价者,这与来自其他四种单位类型的情况刚好相反,在后一种情况下,被评价者认为的严重程度更高。

对于 15 号问题"过于重视论文是否发表在国际期刊",呈现显著交互效应的情况分为两种:第一,被评价者与评价研究者对其严重程度的认识出现了交互效应,即来自"211"高校的受访者中,被评价者认为的问题严重程度高于评价研究者,这与来自其他四种单位类型的情况刚好相反,在后一种情况下,评价研究者认为的严重程度更高。第二,评审者与评价组织者对其严重程度的认识出现了交互效应,即来自其他级别科研机构的受访者中,评审者认为的问题严重程度高于评价组织者,这与来自其他四种单位类型的情况刚好相反,在后一种情况下,评价组织者认为的严重程度更高。

对于 30 号问题"匿名评审机制不到位影响了许多评价的公正性",被评价者与评审者对其严重程度的认识出现了交互效应,即在来自其他类型单位的受访者中,评审者认为的问题严重程度高于被评价者,这与来自其他四种单位类型的情况刚好相反,在后一种情况下,被评价者认为的严重程度更高。

此外,通过对来自不同类型单位受访者认为的评价管控措施认识的分析发现:对于大多数措施而言,来自不同类型单位受访者认为的措施必要程度无显著差异。差异显著的措施包括 10 号、14 号、16 号、17 号、25 号、26 号、29 号、39 号和 42 号 9 项措施(措施内容详见附录 2,因本书的研究重点是"评价角色",因此关于此问题的具体差异数据省略)。然而,针对 42 项评价管控措施,用相同方法对受访者的单位类型和评价角色进行交互分析时,未发现任何显著的交互效应。

5.5 本章小结

综合前文的分析得出如下基本结论：

第一，根据前文的方差分析，将不同评价角色对评价存在重要问题的认识差异的检验结果归纳为表5-15所示的9种情况。

表5-15 方案一和方案二评价角色对评价问题的认识差异性检验结果汇总

	待检验的评价角色差异性组合	检验结果
方案一	(1) "a 被评价者"与"b 被评价者 & 评审者"	>
	(2) "a 被评价者"与"c 被评价者 & 评审者 & 评价组织者"	>
	(3) "b 被评价者 & 评审者"与"c 被评价者 & 评审者 & 评价组织者"	≈/>
方案二	(1) 被评价者与评审者	>
	(2) 被评价者与评价组织者	>
	(3) 被评价者与评价研究者	≈/>
	(4) 评审者与评价组织者	≈/>/<
	(5) 评审者与评价研究者	<
	(6) 评价组织者与评价研究者	<

注：上表中均为左侧评价角色与右侧评价角色对问题严重程度的对比。
- ">"表示左侧的评价角色认为的严重程度大多数或全部情况下显著高于右侧评价角色。
- "<"表示左侧的评价角色认为的严重程度大多数或全部情况下显著低于右侧评价角色。
- "≈"表示左侧的评价角色认为的严重程度大多数或全部情况下与右侧评价角色相似。
- 若同时出现上述前3个符号中的任意两种，如"≈/>"，则表示部分情况下是一种关系两类角色认识相似，另一部分情况下是左侧角色认为的严重程度显著高于右侧角色。

如表5-15所示，从9组两两比较结果可以看出，在大多数情况下，不同评价角色对中国人文社科学术成果评价存在重要问题严重程度的认识存在显著差异。具体来讲，对于大多数问题而言，呈现如下规律：

(1) 当人文社科工作者只为"被评价者"单一角色时，认为的评价存在重要问题严重程度比身兼其他评价角色(如评审者、评价组织者)时更高。

(2) 被评价者和评价研究者对评价存在重要问题严重程度的认识差异不明显,评审者和评价组织者两类角色的认识也较为相似。

(3) 被评价者和评价研究者认为问题的严重程度,比评审者和评价组织者认为的严重程度更高。

(4) 按存在问题来讲,四种评价角色对如下问题的认识,更容易出现与如上结论相左的情况,如9号、11号、18号、20号、21号、22号、23号和25号问题(问题描述详见附录2),也就是说,四类角色对这些问题的认识更容易出现"个别"情况。

(5) 按照相关分析结果,被评价者和评价研究者认为问题的严重程度,与客观情况更为符合,评审者和评价组织者认为的严重程度则比客观情况略低。然而,这一结论仍需要有深入的研究和更有力的证据支撑。

第二,根据前文的方差分析,将不同评价角色对评价管控措施认识差异的检验结果归纳为表5-16所示的9种情况。

表5-16 方案一和方案二评价角色对评价管控措施的认识差异性检验结果汇总

	待检验的评价角色差异性组合	检验结果
方案一	(1) "a被评价者"与"b被评价者&评审者"	≈
	(2) "a被评价者"与"c被评价者&评审者&评价组织者"	≈
	(3) "b被评价者&评审者"与"c被评价者&评审者&评价组织者"	≈
方案二	(1) 被评价者与评审者	=
	(2) 被评价者与评价组织者	≈
	(3) 被评价者与评价研究者	≈
	(4) 评审者与评价组织者	≈
	(5) 评审者与评价研究者	≈
	(6) 评价组织者与评价研究者	≈

注:上表中均为左侧评价角色与右侧评价角色对措施必要程度的比较。
- "="表示左侧的评价角色认为的措施必要程度完全等于右侧评价角色的认为的严重程度。
- "≈"表示左侧的评价角色认为的措施必要程度大多数情况下与右侧评价角色相似。

如表 5-16 所示,从 9 组两两比较结果可以看出,不同评价角色对大多数中国人文社科学术成果评价管控措施程度的认识普遍不存在显著差异。这一结论与"不同评价角色对评价存在重要问题严重程度的认识普遍存在显著差异"的结论是不一致的。

此外,根据第 5.2 节的分析,对于存在显著差异的少部分措施,不同评价角色对措施必要程度的认识大体呈现如下规律:按方案一,三类角色对措施必要程度的认识从大到小大体上依次为"a 被评价者""b 被评价者 & 评审者""c 被评价者 & 评审者 & 评价组织者";按方案二,四类角色对措施必要程度的认识从大到小依次为:评价研究者、被评价者、评审者和评价组织者。对于少部分管控措施,不同评价角色更容易出现认识差异显著的情况,应引起充分关注。

第三,受访者背景与评价角色之间,仅在少数个别情况下呈现交互效应。具体呈现如下规律:

(1) 在大多数情况下,受访者的学科类型、职称、最高学历和所占单位类型四类背景对评价的认识无显著差异。四类背景相比之下,最高学历对受访者对评价存在重要问题的认识影响最大,对于 32 个问题中的 12 个问题,不同学历受访者认为的问题严重程度呈显著差异;职称对受访者对评价管控措施的认识影响最大,对于 42 项措施中的 12 项措施,不同职称受访者认为的必要程度呈显著差异。

(2) 对于问卷所列的大多数评价存在重要问题,四类背景与评价角色对问题严重程度的认识不存在显著交互,只对于少部分问题呈显著交互。相比之下,最高学历与评价角色存在显著交互最多,32 个问题中共有 9 个问题呈显著交互;学科类型、职称和单位类型与评价角色呈显著交互的问题均仅为 3～5 个。按问题来讲,受访者背景与评价角色显著交互最多的问题是 22 号、23 号、20 号和 3 号,结合第 5 章的分析可以发现,20 号、22 号、23 号三个问题,在评价角色之间出现认识差异不显著的情况也较为频繁,在某种程度上说明"交互效应"是导致评价角色认识差异不显著的重要原因之一。但是对于 3 号等 10 个交互效应显著但评价角色差异不显著的问题来讲,现象背后的原因仍待深入探讨。

(3) 对于问卷所列的42项评价管控措施,受访者的学科类型、最高学历和单位类型三类背景对其必要程度的认识,与评价角色均不存在显著交互,只有职称这一背景,受访者对3项措施的认识与评价角色呈显著交互。这说明对于评价管控措施的认识,受访者背景与评价角色的交互效应仅为极个别情况。

6 评价管控机制的基本架构和内容体系构建

根据本研究所设计的研究框架和方法,归纳之前几章的分析内容,最终形成中国人文社会科学学术成果评价管控机制的基本架构和内容体系如图6-1所示。

根据图6-1,评价管控机制的内容体系共包括五大部分,即管控导向、管控维度、管控措施、管控问题和实施策略。这五大组成部分之间存在着有机联系,使评价管控机制成为一个整体:其中管控导向明确了评价管控机制的基本目标和功能,管控维度确定了管控的主要着力点,管控措施是指实现管控导向的基本手段,管控问题是管控机制的管控对象,实施策略是推进管控机制的有效保障。

围绕管控导向这一评价管控机制的目标,其他要素通过任务分解和组合服务于这一目标的实现。实施策略之所以具备保障评价管控机制有效运行的功能,是因为实施策略反映了其他管控要素之间的潜在联系、关键作用机理等基本规律。此外,管控维度、措施和问题三部分之间还存在着紧密的对应关系,管控维度是对管控措施和管控问题内容的理论抽象,管控措施和问题是管控维度的具体化。管控问题和管控措施在整个评价管控机制中所占比重最大,反映了评价管控的具体对象和手段,这些问题和措施的属性和分类还体现出一定的规律和特色;管控措施和问题之间也存在"一对多"关系,措施是解决问题的手段,问题的结果效果则是措施有效性的表征,因此两个要素之间也存在内在逻辑关系。

图6-1的形状类似简牍,因此可将该机制形象地称为简牍模型。下面依次对简牍模型中评价管控机制的各要素内容进行阐释。

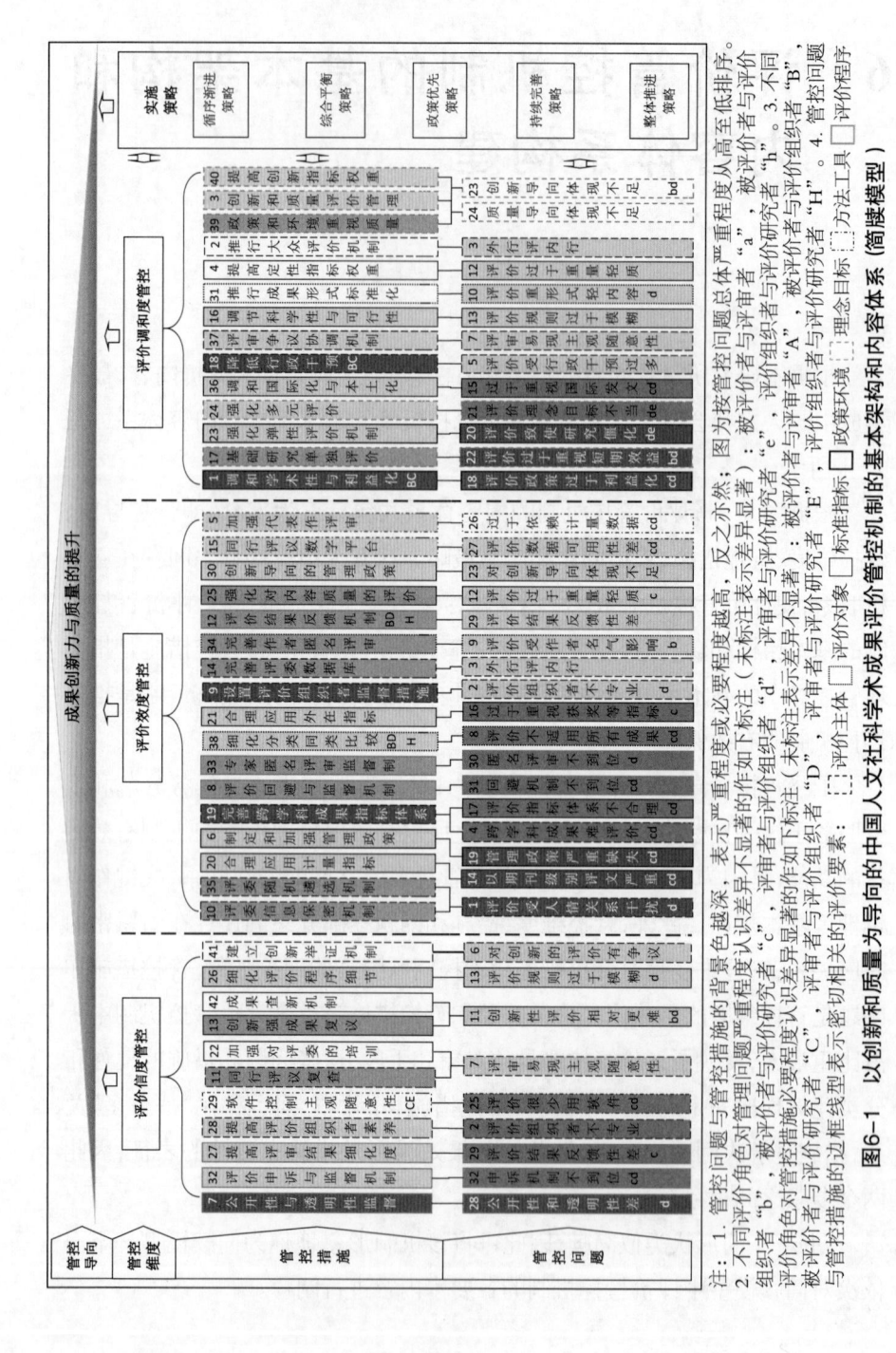

图6-1 以创新和质量为导向的中国人文社科学术成果评价管控机制的基本架构和内容体系（简楼模型）

6.1 管控导向

通过前文的分析可知,学术评价与成果的创新和质量提升之间具有密切的关系,合理的评价可以促进创新和质量提升,反之,不合理的评价也可以阻碍创新和质量的提升,因此,整个评价管控机制以创新和质量为导向。从目标和功能层面来讲,评价管控机制应要通过管控,确保评价不但能够筛选出创新性较强、质量较高的成果并给予恰当认可,而且能够引导和激励人文社会科学研究生产出创新性较强、质量较高的成果,使学术评价切实发挥促进中国人文社会科学学术成果的创新力和质量得以提升的功能作用,促进中国人文社会科学的繁荣发展。这一目标和功能定位要求评价管控机制要能发现那些阻碍人文社科成果创新和质量提升的问题,并形成和推行有效的管控措施对其进行纠正,使评价的信度、效度和调和度都能满足创新和质量导向的要求。

6.2 管控维度

评价的信度、效度和调和度这三个维度是对管控导向目标在评价目标层面的分解,这三个管控维度集中体现出当前我国人文社科成果评价在理论和实践两方面的迫切需要。

6.2.1 评价信度管控

根据前文分析,评价体系的诸多问题,如评价程序不规范、操作细则不明确、评价主体角色失范等,都可理解为评价信度问题。按照某一评价体系的要求随机选择不同的评委对同一成果进行评价,但评价结果却不一致甚至差异较大,或者对于业界公认的优秀成果,在不同时间评出的结果波动过大等,都属于典型的评价信度问题;这种不一致的情况越多,说明评价的信度越低,评价结果越不可靠,长此以往,评价体系的公信力就会受到质疑。创新导向的评价要求对人文社科成果的创新过程较为"包容",以便更好地促进创新;质量导向的评价要求对人文社科成果质量的测量尽可能准确,以便实现评价的公平公正;这两个导向都对评价信度提出了较高的要求。

评价信度问题主要涉及评标标准指标、评价程序、评价主体等要素。通过对信度的管理控制,减少评价过程中的不一致,有利于激励创新性较强但尚不够成熟的研究,提高对成果质量测量的精确程度。换句话说,对评价信度的管理控制旨在通过减少甚至规避评价中的"随机误差",确保评价结果的一致性。即在其他条件不变,但评价的时间、环境、方法、工具、组织者、评委等某一因素发生变化时,通过管控确保评价结果的一致性和可信度。

从图 6-1 可以看出,有关评价信度的管控措施共有 11 项,对应的管控问题共有 9 个。

6.2.2 评价效度管控

人文社科成果评价中的一系列常见问题,也需要通过对评价效度的管理控制来规避和解决。比如有时评价结果偏离评价目标,尽管所设置的评价体系旨在评价成果的创新程度和质量,但所设置的指标过于间接,致使数量评价代替了质量评价,甚至伤害学者创新的积极性;由于分类评价未能较好地贯彻实施,评价标准或指标并不适用于评价对象,用社会价值指标评价人文学科基础性研究成果时,其可操作性就往往令人失望;再者,评价结果的区分度过小以致难以区分出被评对象优劣程度的情况也常常发生,不利于保证评价的公信力和引导学者进行持续创新。

评价效度问题主要涉及评价的理念目标、标准指标、评价对象、评价程序、方法工具、评价主体、学术环境等要素。以创新和质量为导向对评价效度进行管理控制,旨在确保评价真正确实地测量了评价对象在创新和质量方面的特性,且测量结果较为准确。效度包括:内部效度,如评价指标体系与评价目标的吻合程度；外部效度，如评价标准对评价对象的适用程度；测量效度，如评价工具能否恰当表达和量化评价结果，较好地区分出被评价对象的差异。

从图6-1可以看出，有关评价效度的管控措施共有17项，对应的管控问题共有17个。

6.2.3 评价调和度管控

人文社科成果评价结果引起诟病往往还因为评价活动本身存在与生俱来的矛盾冲突，比如理想完美性与现实可行性的矛盾[①]，客观定量评价与主观定性评价的矛盾、本土标准与国际标准的矛盾[②]等，不同评委对同一评价对象也可能产生不同甚至完全相反的意见，评价对象不认同被评结果的情况也较为普遍。这些矛盾冲突在评价创新性较强的成果时更容易发生。目前人们往往采取"亡羊补牢"的方式来解决这些矛盾，即出现问题时临时讨论解决方式，但事实上，对这些问题进行及时有效的前端控制，即建立合理的评价调和度管控机制才是长久之计。

评价调和度问题主要涉及评价的理念目标、标准指标、评价程序、方法工具、评价主体等要素。评价调和度问题旨在以创新和质量为基准，协调学术成果评价中的各类矛盾冲突。对评价调和度进行管理控制的重点是确定矛盾冲突的处理原则和措施；原则和措施的基本思路是"平衡"矛盾的主次方面。显然，为了确保创新和质量导向，评价调和度管控机制在"平衡"矛盾冲突时需坚持以下准则，即向有利于成果创新和质量提升的矛盾主要方面倾斜，为此势必需要降低甚至牺牲矛盾的次要方面，比如为了激励创新降低对论证完备程度的要求。

---

① 高自龙,杨红艳.学术评价：理想与现实之间的优化选择[J].江汉论坛,2011(11)：124-129.
② 刘大椿.中国人文社会科学评估问题之审视[J].重庆大学学报(社会科学版),2009(1)：54-59.

从图6-1可以看出,有关评价调和度的管控措施共有14项,对应的管控问题共有13个。

6.3 管控措施

管控措施是评价管控机制实现管控目标和功能的主要手段,也是评价管控机制五个组成部分中最为核心的内容。根据前文的分析,将中国人文社科学术成果评价的关键管控措施归纳为42项。按照本书第一章所设计的三维研究框架(详见图1-3),这42项措施与三大管控维度、七大评价要素和四种评价角色均存在密切的关联。

42项措施的必要程度分为四级,在图6-1中,措施的背景颜色越深,表示越严重,按必要程度从高至低四级措施的数量依次为5项、13项、27项和7项。

按管控维度来讲,评价信度的11项管控措施中,7号措施"加强评价过程的公开性和透明性及其监督机制"必要程度最高,处于第1级;评价效度的17项管控措施中,9号措施"对评价组织者进行监督"和19号措施"完善人文社科成果的评价指标体系"最为必要,处于第1级;评价调和度的14项管控措施中,1号措施"调和学术性与利益化"和18号措施"降低评价的行政干预"的必要程度最高,也处于第1级。相比之下,评价信度管控措施中,必要程度较高的措施相对最少、必要程度相对较低的措施相对最多;评价效度管控措施的必要程度情况则刚好相反;评价调和度管控措施的必要程度处于评价信度和效度之间。

按评价要素来讲,关于评价主体的管控措施共有9项,其中必要程度最高的是18号措施"降低行政干预",也就是说,评价主体应以学术共同体为主,而不是以行政部门为主,此外,9号措施"加强对评价组织者监督"和19号措施"完善人文社科成果的评价指标体系",其必要程度也为第1级,均是辅助评价主体更好开展评价的重要手段。关于评价对象的管控措施共有3项,其中必要程度最高的是34号措施"完善作者匿名评审",这就意味着,在评审成果时，应尽量确保评审者无法知晓成果作者的情况，以便做出更为公正的判断，这项措施的必要程度处于第 2 级，这点与评审中的"专家匿名"即保证无法知晓评委信息的情况是不同的。关于评价标准指标的管控措施共有 12 项，其中 13 号措施"对创新较强成果的评价结果进行复议"和 25 号措施"加强对成果内容质量的评价"的必要程度最高，必要程度均处于第 2 级，直接体现了对创新和质量导向的重视。关于评价管理政策和学术环境的管控措施共有 3 项，其中 1 号措施"调和评价的学术性与利益化"必要程度最高，处于第 1 级，体现了评价政策管控的重要性。关于评价理念目标的管控措施共有 5 项，其中 39 号措施"加强质量导向的评价管理政策制定和学术环境营造"最为必要，必要程度处于第 2 级。关于评价方法工具的管控措施共有 3 项，即 5 号、15 号和 29 号措施，必要程度相对较弱，处于第 3 级或第 4 级。关于评价程序的管控措施共有 6 项，其中 7 号措施"加强评价过程公开性和透明性的监督"必要程度最高，处于第 1 级。相比之下，评价主体和管理政策方面的管控措施必要程度最高，关于评价方法工具方面的管控措施必要程度最低。

按评价角色来讲，如图 6-1 所示，在大多数情况下，不同评价角色对措施必要程度的认识并无显著差异，仅对于个别管控措施，不同评价角色的认识存在显著差异，这些措施分别是 1 号、12 号、18 号、29 号和 38 号措施。总体上，对于这些存在显著差异的措施，四类角色对措施必要程度的认识从大到小依次为：评价研究者、被评价者、评审者和评价组织者。其中，被评价者、评审者和评价组织者三类角色对措施必要程度的认识一致程度较高，评价研究者则显出不同。例如，前三类角色得分均值均显示"降低行政部门对学术成果评价的干预程度"这一措施的必要程度最高，但评价研究者则认为必要程度最高的是"建立并完善评价利益相关者回避机制和监督机制"。是评价研究过于脱离实际，还是评价研究切实反映了"假象"背后的规律？这点应引起关注并对其原因进行深入探讨。更容易导致不同评价角色认识呈显著差异的个别措施，不同评价角色的认识情况如下：对于"调节评价管理政策的学术性与利益化之间的矛盾"和"降低行政部门对学术成果评价的干预程度"这两项措施,被评价者认为的必要程度显著高于评价组织者和评审者;对于"建立并完善学术评价结果反馈机制"这一措施,评价组织者认为的必要程度显著低于其他三类角色;对于"通过软件、工具辅助控制同行专家的主观随意性"这一措施,评价研究者认为的必要程度显著高于评审者和被评价者。显然,要推行这些措施,不同评价角色需要付出的劳动量是不同的,立场或利益冲突相对更为明显,因而对措施必要程度的认识容易产生显著差异。

6.4 管控问题

管控问题是评价管控机制的管控对象,问题是否得到妥善解决是判断管控目标和功能是否较好实现的重要依据。根据前文的分析,将中国人文社科学术成果评价的关键管控问题归纳为32个,分别对应42项管控措施,"多对多"的对应关系详见图6-1。按本书第1章所设计的三维研究框架(详见图1-3),这32个问题与三大管控维度、七大评价要素和四种评价角色均存在密切关联。

32个问题的严重程度分为四级,在图6-1中,问题的背景颜色越深,表示越严重,按严重程度从高至低四组问题的数量依次为7个、13个、9个和3个。

按管控维度来讲,评价信度的9个管控问题中,28号问题"评价过程公开性和透明性差"的严重程度最高,处于第1级;评价效度的17个问题中,1号问题"评价受人情关系干扰"、14号问题"把期刊级别作为评价论文的主要尺度"和19号问题"评价管理政策严重缺失"最为严重。评价调和度的13个管控问题中,18号问题"评价管理政策过于利益化"、20号问题"评价致使学术研究僵化"和22号问题"评价过于重视短期效果"的严重程度最高,均处于第1级。评价信度、评价效度和评价调和度三类管控问题的严重程度均参差不齐。

按评价要素来讲,关于评价主体的管控问题共有7个,其中严重程度最高的是1号问题"评价受人情关系干扰",其严重程度为第1级,也就是说,人情关系严重影响了评价主体开展公正的评价。关于评价对象的管控问题共有3个,其中严重程度最高的是8号问题"评价指标分类过粗,对某些成果不适用",严重程度处于第2级,这就意味着,科学的分类评价仍是当前评价领域所欠缺的。关于评价标准指标的管控问题共有7个,其中15号问题"过于重视国际发文"、16号问题"过于重视是否获奖、课题立项等外在指标"和17号问题"评价指标体系的逻辑关系不合理"的严重程度最高,严重程度均处于第2级,这三个问题严重影响了对成果质量的判断。关于评价管理政策和学术环境的管控措施共有3个,即18号"评价管理政策过于利益化"、19号"评价管理政策严重缺失"和20号"评价致使学术研究僵化",严重程度全部位列第1级,体现了对此要素相关问题管控的迫切需要。关于评价理念目标的管控问题共有4个,其中22号"评价过于重视短期效果"的严重程度最高,位列第1级,体现了评价管控机制对急功近利现象进行管控的必要性。关于评价方法工具的管控问题共有3个,其中25号问题"评价很少使用网络软件"的严重程度相对最高,处于第2级,略高于评价计量和数据方面的问题。关于评价程序的管控问题共有6个,其中28号问题"评价过程公开性和透明性差"的严重程度最高,处于第1级。相比之下,评价管理政策和学术环境方面的管控问题严重程度最高。

  按评价角色来讲,如图6-1所示,大多数情况下,被评价者和评价研究者对评价存在问题严重程度的认识差异不显著,评审者和评价组织者两类角色的认识差异也不显著,但是被评价者和评价研究者认为的问题严重程度通常显著高于评审者和评价组织者。不同评价角色认识差异显著的问题比如,被评价者和评价研究者认为"评审常依据字数、基金、获奖或被批示情况"这一问题非常严重,而评审者和评价组织者则认为根本不严重;再比如对于"当前评价过于注重成果数量、看轻成果质量"这一问题,被评价者认为的严重程度显著高于评审者;显然,此类问题涉及不同评价角色的立场或利益冲突,因而容易产生显著差异。对于某些问题,四种评价角色认为的严重程度易呈现不显著差异,比如"当前评价过于重视短期绩效,致使学术急功近利""当前评价体系对创新导向的体现不足"。显然,对于这些问题属于评价体系整体性、宏观性问题,不同角色的认识难以引发立场和利益方面的冲突,因而差异不显著。

6.5 实施策略

实施策略是确保评价管控机制得以顺利推进并取得预期效果的有效保障。结合本书前几章分析得出的相关结论,在实施中国人文社会科学学术成果评价管控机制时有必要遵循以下策略。

6.5.1 循序渐进策略:按轻重缓急依次开展管理控制

由于管控问题在严重程度上存在差异,管控措施在必要程度上存在差异,因而,在资源有限和条件不充分的情况下,推行中国人文社会科学学术成果评价管控机制时,应按措施的必要程度逐步实施相关措施,循序渐进地解决相关问题。具体来讲,应结合更有针对性的研究结果,重点关注那些"相对更为必要"的措施,暂缓推行那些"相对不太必要"的措施;优先解决那些"相对较为严重"的问题,暂缓解决那些"相对不太严重"的问题。

6.5.2 综合平衡策略:协调不同评价角色的认识差异

由于被评价者、评审者、评价组织者和评价研究者四种不同评价角色对管控问题和管控措施的认识存在一定差异,若是仅依据个别角色的认识判断管控问题的严重程度或管控措施的必要程度,势必会引起对评价管控机制认识的偏颇。因此在实施人文社科成果评价管控机制时,应充分关注四种评价角色认识存在显著差异的管控问题或措施,按照前文所总结的规律综合平衡不同角色对评价管控的认识,以便形成对管控问题和措施更为深入、客观、全面的认识,并依据这样的认识推行和实施评价管控机制。

6.5.3 持续完善策略：总结实施经验并反复改进机制

从图 6-1 可以看出，有些待管控的评价问题虽然严重程度较高，但是所设置的相关评价管控措施的必要程度却不高。这种情况说明，对于这些较为严重的评价问题，目前尚未形成较为有效的管控措施，因此本书所总结的中国人文社会科学学术成果评价管控机制不是一个静态的结论，对评价管控机制的探索和完善是一项长期的持续工作，尤其应总结评价管控机制的实施经验，针对当前已经发现的较为严重的评价问题，研制出新的、更为有效的管控措施。此外，研究过程还发现，个别评价中存在的待管控问题严重程度不高，但相应的评价管控措施的必要程度却相对较高，这种不匹配状况主要是由不同评价角色的认识差异所致，但同时也启示我们，当前我们对中国人文社科成果评价个别问题的认识还不够深入，在实施评价管控机制过程中，对此进行持续探讨仍十分必要。也就是说，应形成"研究—实施—完善机制—再研究—再实施—再完善机制"这样往复循环的模式，不断总结实践经验并以此促进评价管控机制更为科学合理。

6.5.4 政策优先策略：对评价管理政策进行优先改革

通过前文的分析可知，评价管理政策方面的待管控问题，其严重程度相对高于其他评价要素相关问题；同时，评价管理政策方面的管控措施，其必要程度也相对高于其他评价要素的相关措施。这说明对评价管理政策进行改革的迫切程度明显高于对其他评价要素的改革；同时也在一定程度上说明，在中国的学术发展环境下，人文社会科学学术成果评价的改进和完善对管理政策具有较强的依赖性，因此，若要使评价管控机制的实施取得较为理想的效果，理应在评价管理政策的改革上狠下功夫，以政策改革引领和指导其他方面的评价管控。

6.5.5　整体推进策略：按要素有机联系推行管控机制

　　图6-1所示的中国人文社科学术成果评价管控机制的各项组成要素之间不是孤立存在的，而是相互之间存在着一系列有机联系。为此，在实施这一评价管控机制时，应综合考虑各要素之间的关联，整体推进机制的运行。这就意味着，既要在理论上牢牢把握评价管控机制的目标方向、管控维度的科学性，又要在实践上充分考虑到管控的可行性；既要优先关注那些较为迫切的管控问题措施，又要兼顾那些迫切性不高但具有代表性的管控问题与措施；既要把各项管控措施的推行作为实施管控机制的核心任务，又不能忽视措施实施后对管控问题解决的效果。此外，评价管控机制中的信度、效度和调和度三个着力点所对应的管控措施和问题之间存在部分重叠和交叉，因此在实施机制时，也应注意兼顾三个管控着力点进行整体推进。

7 基本研究结论与启示

本书首先提出了中国人文社科学术成果评价管控机制的理论研究框架,沿着管控维度、评价要素和评价角色三条主线,采用文献调查法、问卷调查法、多种统计分析法和归纳演绎法,对中国人文社科学术成果评价管控机制进行了系统研究,确立了评价管控机制的基本架构和内容体系,并围绕评价管控机制得出了一系列重要结论与启示,基本回答了本书第1.3节所设定的研究问题。

7.1 简牍模型:评价管控机制的基本架构和内容体系

本书以创新和质量为导向,围绕评价管控维度、评价要素和评价要素组成的三维框架,构建出了中国人文社科学术成果评价管控机制的基本架构和内容体系,称为简牍模型。这一模型由管控导向、管控维度、管控措施、管控问题和管控机制实施策略五个部分组成。其中管控导向促进成果创新力和质量的提升,体现了机制的目标和方向;管控维度(评价信度、评价效度和评价调和度)是管控机制的三大着力点;管控措施是针对当前中国人文社科学术成果评价的迫切管控需要,系统梳理出来的40余项重要的管控措施,是评价管控机制的核心手段;管控问题是管控措施所对应的当前中国人文社科学术成果评价中亟待管控的30余个重要问题,这些问题的解决效果是评价管控机制实施效果的集中体现;管控机制实施策略则是针对本研究发现的评价管控机制各要素及其关系的特征和规律总结提炼而成,是确保管控机制得以有效推行的保障。这一评价管控机制的突出特色是提炼出评价信度、评价效度和评价调和度三个管控维度作为理论上的管控着力点,同时充分体现了不同评价角色、评价要素方面的评价管控差异。

7.2 关于评价管控机制的重要研究发现与论断

本书在构建中国人文社科学术成果评价管控机制的同时,还围绕评价管控维度、评价要素和评价要素组成的三维框架探讨了与评价管控机制相关的若干问题并得出一系列重要结论与启示。

(1) 评价机制的总体满意度不高,人情关系干扰、以刊评文等问题迫切需要管控。

通过调查证实,中国人文社科工作者普遍认为当前的人文社科成果评价机制不能令人满意。同时,本书还系统梳理出一系列当前中国人文社科成果评价中亟待管控的重要问题,但研究发现,这些问题的严重程度存在差异。其中,当前评价中最为严重的,也是迫切需要管控的问题,有评价受人情关系干扰、以刊评文、评价管理政策严重缺失且过于利益化、"评价指挥棒"明显导致学术研究僵化、评价致使学术急功近利、评价过程透明度和公开性差等等。研究同时还发现,有些评价问题的严重程度低于预期,比如多数人文社科工作者并不认为当前评价对创新和质量导向体现不足,也不认为当前评价过于依赖文献计量数据、而非同行评议结果。

(2) 一系列评价管控措施亟待推行,降低行政干预、加强公开性和透明性等宏观措施的迫切程度最高。

本书系统梳理出 42 项评价管控措施,并通过调查发现,人文社科工作者普遍认为这些措施的均有必要,但不同措施的必要程度存在差异。比如,通过分析发现,涉及评价体系整体性、框架性的管控措施,如调节评价学术性与利益化的矛盾、加强评价的公开性和透明性、降低行政干预等,其必要程度明显高于其他措施;而在评价指标权重完善、软件工具辅助评价、实行评价举证与查新机制等微观层面的管控措施,其必要性相对较弱。

(3) 评价管理政策与学术环境方面的管控应引起足够重视。

研究显示,评价管理政策和学术环境方面亟待管控的问题,如管理政策缺失、过于利益化等,明显比其他评价要素方面的问题更为严重,相应管控措施的必要程度也明显比其他评价要素更高,这一点应引起评价研究和实践领域以及管理部门的足够重视。相比之下,评价方法与工具方面的问题,如网络评估软件使用不够等,与其他评价要素方面的问题相比,严重程度相对较低,相应的管控措施必要程度也低于预期。当前评价管控机制的重点由此可见一斑。

(4) 不同评价角色对评价中需管控问题的认识,存在显著差异。

本书提出了"评价角色认识差异"这一新命题,并通过研究归纳出如下规律:在大多数情况下,对于评价中存在的相同待管控问题,当人文社科工作者只有"被评价者"单一角色时,所认为的严重程度通常比身兼评审者、评价组织者等其他评价角色时更高;同时,对于同一评价问题,被评价者和评价研究者两类角色认为的问题严重程度差异不显著,评审者和评价组织者两类角色的差异也不显著;但前两个角色认为的问题严重程度明显高于后两个角色。例如,被评价者和评价研究者认为"评审常依据字数、基金、获奖或被批示情况"这一问题非常严重,而评审者和评价组织者则认为根本不严重。差异的主要原因在于不同角色所处立场、代表利益不同。本书通过定量分析初步认为,被评价者和评价研究者两类角色的认识更为符合客观状况,评价组织者和评审者认为的严重程度,则可能低于客观实际。

(5) 不同评价角色对相同评价管控措施的认识,普遍无显著差异。

与第四条结论明显不同的是,在大多数情况下,针对同一评价管控措施,不同评价角色认为的必要程度普遍无显著差异。对于那些易于出现显著差异的个别措施,不同角色的认识遵循如下规律:"a 被评价者""b 被评价者 & 评审者""c 被评价者 & 评审者 & 评价组织者"三类角色认为的措施必要程度依次递减;评价研究者、被评价者、评审者和评价组织者四类角色认为的措施必要程度依次递减,同时其中后三类角色的认识较为一致,评价研究者则与这三者差异较大。是评价研究过于脱离实际、还是评价研究切实反映了"假象"背后的规律？这点应引起关注并对其原因进行深入探讨。

(6) 受访者背景与评价角色仅在少数个别情况下呈显著交互效应。

对于问卷所列的大多数评价存在重要问题，受访者的学科、学历、职称和单位类型等背景与评价角色对问题严重程度的认识不存在显著交互。相比之下，最高学历与评价角色存在显著交互的情形最多；受访者背景与评价角色显著交互最多的问题，也是频繁出现评价角色认识差异不显著的问题，在某种程度上说明"交互效应"是导致评价角色认识差异不显著的重要原因之一。对于评价管控措施的认识，受访者背景与评价角色的交互效应仅为极个别情况。

以上结论启示我们，在实施中国人文社科学术成果评价管控机制时，有必要针对上述结论设置相应的实施策略(具体策略详见第6.6节)，确保管控机制取得理想的效果。比如若资源和条件有限，在推行中国人文社会科学学术成果评价管控机制时，应按轻重缓急推行管控措施，逐步解决不同的评价问题。对于本书得出的个别有关评价管控机制的规律性问题，希望未来研究深入探讨，比如应如何协调和平衡不同评价角色的认识分歧，以便更加准确地掌握这些规律并进一步完善评价管控机制。

需要说明的是，中国人文社科学术成果评价的改进和完善需要长期的持续努力，从现阶段来看，仍然任重道远。希望本书研究得出的中国人文社科学术成果评价管控机制及相关结论和启示，能够将这一进程向前推进一小步，为其他同行的后续研究和评价实践者提供参考。

参考文献

[1] AMIDON D M. Knowledge innovation: the common language[J]. Journal of technology studies. 1993,19(2): 2 - 8.

[2] ASTBURY B, LEEUW F L. Unpacking black boxes: mechanisms and theory building in evaluation American[J]. American journal of evaluation, 2010,31(3): 363 - 381.

[3] BERNARD G W. History and research assessment exercises[J]. Oxford review of education, 2000,26(1): 95 - 106.

[4] COLE S, SIMON G A. Chance and consensus in peer review[J]. Science, 1981, 214(4523).

[5] HORROBIN D F. The philosophical basis of peer review and the suppression of innovation[J]. Journal of the American medical association, 1990, 263 (10): 1438 - 1441.

[6] MAZLISH B. The quality of 'the quality of science': an evaluation[J]. Science, technology & human values, 1982,7(38): 42 - 52.

[7] MOED H F. UK research assessment exercises: informed judgments on research quality or quantity? [J]. Sientometrics, 2008,74(1): 153 - 161.

[8] SIKES P. Working in a "New" university: in the shadow of the research assessment exercise? [J]. Studies in higher education, 2006,31(5): 555 - 568.

[9] TALIB A A. Simulations of the submission decision in the research assessment exercise: the "Who" and "Where" decision[J]. Education Economics, 1999,7(1): 39 - 51.

[10] WENNERAS C, WOLD A. Nepotism and sexism in peer-review[J]. Nature, 1997,389(6449): 341 - 343.

[11] 霍耶 R W,霍耶 B Y. 何谓质量——世界八位著名质量专家给质量定义[J]. 颜福

祥,译.中国质量技术监督,2002(1):54-56.

[12] 陈道德.当前的学术评价机制急需改进[J].云梦学刊,2013(4):52.

[13] 陈平,李梦甩.新时期人文社会科学学术评价机制探讨[J].重庆大学学报(社会科学版),2009(4):97-100.

[14] 陈通明,杨杰民.学术规范的基本内容及其他——关于学术界讨论学术规范和学术道德问题的述评[J].宁夏大学学报(人文社会科学版),2002(6):22-27.

[15] 陈云良,罗蓉蓉."学术代表作"制度的实施条件和程序安排[J].现代大学教育,2014(1):95-105.

[16] 楚广兴,李帮义.科技评价过程的质量体系管理控制机制及控制策略研究[J].科学学与科学技术管理,2006(3):40-43.

[17] 邓毅.建立科学评价机制改进成果评奖办法——关于人文社会科学研究成果评价的若干思考[J].华南师范大学学报(社会科学版),2004(5):7-11.

[18] 范建凤.当前学术评价机制的特点及其对高校学报工作的负效应[J].江汉大学学报(社会科学版),2008(4):31-34.

[19] 范明,张帆.以质量和创新为导向的学术评价体系研究[J].国家教育行政学院学报,2013(10):10-14.

[20] 高军,迟爽.我国学术成果评价制度的异化研究[J].高校教育管理,2008(3):31-37.

[21] 高自龙,杨红艳.学术评价:理想与现实之间的优化选择[J].江汉论坛,2011(11):124-129.

[22] 何华,陈太勇,徐娟,等.完善大学哲学社会科学的学术评价机制[J].宜宾学院学报,2011(5):14-19.

[23] 胡显章,等.国家创新系统与学术成果评价[M].山东:山东教育出版社,2000.

[24] 黄筱玲,晁蓉.困境中的突围——当前学术评价机制研究综述[J].当代教育理论与实践,2013(12):61-63.

[25] 黄忠顺.权威的衰微与评论的兴起——关于人文社科学术评价机制的思考[J].长江大学学报(社会科学版),2005(4):99-100.

[26] 金晞.高等院校学术评价机制改革散论[J].江苏教育学院学报(社会科学),2011(6):51-55.

[27] 蓝勇.中国学术评价机制与系统三题[J].社会科学管理与评价,2005(1):

42-44.

[28] 李立国.以学术同行评价与监督为基础建立教师声誉制度[J].中国高等教育,2005(11):14-16.

[29] 林士平.同行专家的双向匿名审稿制度辨析[J].重庆工学院学报,2005(9):164-167.

[30] 林永柏.关于高等教育质量概念的界定[J].教育科学,2007(6):32-36.

[31] 刘大椿.中国人文社会科学评估问题之审视[J].重庆大学学报(社会科学版),2009(1):54-59.

[32] 刘东南,徐元俊.社会科学评价主体及其动机的问题与对策研究[J].科技管理研究,2013(14):230-235.

[33] 刘明.学术成果评价制度批判[M].北京:长江文艺出版社,2006.

[34] 刘智群,李颖,安凤妹.科学计量指标在科研人员评价中应用[J].科技管理研究,2011(14):72-75.

[35] 木星.版面费难题的破解呼唤评价机制、管理体制创新——关于学术刊物版面费问题论争的述评[J].山西广播电视大学学报,2012(3):93-98.

[36] 倪润安.论人文社会科学研究弹性评价机制的构建[J].北京行政学院学报,2008(1):84-87.

[37] 彭云望.学术评价泛行政化问题之分析[J].理论界,2010(1):167-168.

[38] 齐丽丽,司晓悦.对我国同行评议专家遴选制度的建议[J].科技成果纵横,2008(5):26-28.

[39] 任全娥.人文社会科学研究成果评价主体研究[J].社会科学管理与评论,2009(2):43-49.

[40] 唐松林,王静.波普尔批判理性主义视域中的学术创新[J].中国高教研究,2007(3):27-31.

[41] 王宁.人文社会科学的多元评价机制:超越SSCI和A&HCI的模式[J].清华大学学报(哲学社会科学版),2014(4):82-85.

[42] 王瑜.高校学术评价机制研究[J].科技管理研究,2009,29(4):113-114.

[43] 仲伟民.为什么必须改革目前的学术评价机制?(2009-03-14)[2014-07-20].http://www.acriticism.com/article.asp?Newsid=10363&type=1008.

[44] 文庭孝.科学研究活动的社会评价机制及其演变研究[J].重庆大学学报(社会科

学版),2007(5):77-82.

[45] 吴雪.专业评估:内部学者治学和外部同行评议的协调[J].复旦教育论坛,2008(1):48-52.

[46] 吴雪松,张雪,尹梅,等.中国的和尚与美国的经——关于SCI与中国学术评价机制的几点认识[J].医学与哲学,2014(11):11-13.

[47] 徐枫.呼唤专家匿名审稿制——建立综合性学术期刊评价体系应重视的一个问题[J].中国出版,2001(9):44-45.

[48] 许红珍.学术创新和学术评价机制创新的探索与思考[J].华东师范大学学报(哲学社会科学版),2009(3):66-71.

[49] 严明清.地方社科院成果评价体系及科研管理创新与思考[J].社会科学管理与评论,2009(4):74-79.

[50] 杨红艳.学术评价如何推动成果创新——对人文社科学术评价机制的探讨[J].澳门理工学报(人文社会科学版),2014(4):95-104.

[51] 杨建林,朱惠,宋唯娜,等.系统论视角下的学术评价机制[J].情报科学,2012(5):32-36.

[52] 杨力.高校社科管理与高校社科成果评价[J].科技管理研究,2007(3):183-184.

[53] 杨敏,李学永.论学术评价机制的完善[J].政法论丛,2009(5):90-96.

[54] 叶继元.建立和完善以质量和创新导向的哲学社会科学评价体系[EB/OL].(2012-02-20)[2014-07-20].http://gjs.ujs.edu.cn/show_news.asp?Fk_Down_Id=422.

[55] 叶继元.人文社会科学评价体系探讨[J].南京大学学报(哲学·人文科学·社会科学版),2010(1):97-110.

[56] 叶险明.学术创新与"学术泡沫"[J].哲学研究,2002(8):24-26.

[57] 叶志雄,李娜.论大学教师学术创新力的基础——学术批判反思能力[J].比较教育研究,2011(7):26-30.

[58] 曾奕棠,谭春辉.人文社会科学研究评价监督论纲[J].重庆大学学报(社会科学版),2014(5):76-81.

[59] 詹先明.学术共同体建设:学术规范、学术批评与学术创新[J].江苏高教,2009(3):13-16.

[60] 张宏云,时勘,杨继锋.360°反馈评价模式——一种新型的管理评价方法[J].中国人力资源开发,2000(12):38-40.

[61] 张琪,何华锋,郑建飞,等.以质量为导向的高校教师学术评价机制初探[J].时代教育,2014(11):135.

[62] 张群,张逸新,吴信岚.高校社科查新体系构建探讨[J].图书情报工作,2009(22):120-123.

[63] 张维全.科研成果综合评价的定量分析与程序设计[J].工业技术经济,1997(5):94-96.

[64] 章帆,韩福荣.质量生态学研究2——质量概念与质量管理理论的演化[J].世界标准化与质量管理,2005(4):27-31.

[65] 章兢,孙宗禹,陈厚丰.分类评价在研究型大学建设中的必要性及制度设计[J].大学教育科学,2005(3):26-29.

[66] 赵基明,邱均平,黄凯,等.一种新的科学计量指标——h指数及其应用述评[J].中国科学基金,2008(1):23-32.

[67] 赵健,任剑新.学术杂志定价、质量与学术评价机制——从双边平台视角的研究[J].中南财经政法大学学报,2011(2):81-87.

[68] 中国社会科学院法学研究所法治国情调研组.中国学术评价机制的弊端和改革之路[J].社会科学管理与评论,2013(1):13-25.

[69] 钟书华.学术评价机制与同行专家评价[J].华中科技大学学报(社会科学版),2008(4):122-123.

[70] 朱剑.重建学术评价机制的逻辑起点——从"核心期刊"、"来源期刊"排行榜谈起[J].清华大学学报(哲学社会科学版),2012(1):5-15.

[71] 朱旭东.论大学教师学术创新力基础内涵[J].比较教育研究,2011(7):1-6.

附录 1 人文社科学术评价存在重要问题和管控措施梳理表

问题编号	评价存在重要问题					相应管控措施	管控维度分类
	评价研究者	评审者	被评价者	评价活动组织者			
	关于评价主体						
1	学术成果的公正评价常受到人情关系的影响干扰	您的评价结论常受到人情关系影响或干扰	您常经历或看到人情关系影响或干扰评价活动	您组织评价活动时常受到人情关系影响或干扰	10. 建立并完善评审过程中参评专家信息保密机制	效度
					35. 完善并有效推进评审专家随机遴选机制	效度
2	一些评价活动组织部门不专业，缺少理论和方法支撑	评价活动组织者不专业曾影响您的正确评价	评价活动组织者不专业曾影响了您的成果的科学评价	您常感觉到自己缺乏必要的评价理论方法支撑	9. 建立并完善评价组织者监督和管理机制	效度
					28. 通过培训或吸纳评价专家加强评价组织者建设	信度

— 198 —

附录1　人文社科学术评价存在重要问题和管控措施梳理表

（续表）

问题编号	评价存在重要问题				相应管控措施	管控维度分类
	评价研究者	评审者	被评价者	评价活动组织者		
3	常常出现"外行评内行"的情况	您在评审成果时常感觉到自己是"外行"	您常有成果被"外行"评价	您常很难找到合适的"小同行"评审专家评审成果	2. 构建并推进有效的成果大众评价机制	调和度
4	评委很难准确评价跨学科成果的创新性和质量	您常感到很难准确评价跨学科成果的创新性和质量	您的跨学科成果通常很难得到准确的评价结果	您常感到很难准确评价跨学科成果的创新性和质量	14. 建立规模大、信息全、更新及时的评审专家数据库	效度
5	评价活动常受到行政管理部门的干预或过多干预	您的评审曾受到行政管理部门的不当或过多干预	您的成果参评时曾受到行政部门的不当或过多干预	组织评价活动曾受到行政部门的不当或过多干预	19. 进一步完善人文社科成果评价的指标体系	效度
6	不同评审者对创新性较强的成果容易产生较大争议	对创新性较强的成果，您与其他评审者常发生争议	对于您成果的创新性，不同评委的结论差异较大	不同评审者对创新性强的成果产生较大争议	18. 降低行政部门对学术成果评价的干预程度	调和度
7	同行专家在评审时的主观随意性较难控制	您常感到判断成果质量的随意性较大，结论不太可靠	不同专家对您的同一成果，常给出差异较大的结论	不同专家评审对相似成果的评价结论常常差异较大	41. 在创新性评价中弱化主观判断，实行举证机制	信度
					11. 建立并完善同行评议结果复查机制	信度
					37. 完善评价结果争议的协调机制	调和度

(续表)

问题编号	评价存在重要问题				相应管控措施	管控维度分类
	评价研究者	评审者	被评价者	评价活动组织者		
关于评价对象						
8	许多评价标准和指标分类过粗，对某些成果不适用	许多评价标准和指标分类过粗，对某些成果不适用	许多评价标准指标分类过粗，对您某些成果不适用	您采用的评价标准采用的评价分类措施对某些成果分类不适用	38. 细化分类评价，强化同类比较	效度
9	成果常因作者的"名气"而获得过高或过低的评价	您的评审结论常会受到作者"名气"的影响	您的成果曾因本人"名气"而获得过高或过低评价	您常感到成果评价结果受到作者"名气"的影响	34. 完善并推行作者匿名评审制度	效度
10	许多评价过于重视成果形式规范，而非内容质量评价	若成果内容质量尚可但形式不规范，您的评价不高	您的成果曾因形式问题而获得不理想的评价结果	您采用的评价体系更重视成果的形式（而非内容）评价	31. 推进成果形式规范的标准化，降低形式评价的需求	调和度
关于评价标准与指标						
11	很难准确判断成果的创新性和创新程度	您感到成果的创新程度比其他指标更难判断	同行对您的成果创新程度的判断差异较大	您感到成果创新程度比其他指标更难得到准确结果	13. 建立对创新性较强成果的评审复议机制	信度
					42. 建立并推行人文社科成果查新机制	信度

中国人文社科学术成果评价管理控制机制研究

附录1　人文社科学术评价存在重要问题和管控措施梳理表

（续表）

问题编号	评价存在重要问题				相应管控措施	管控维度分类
	评价研究者	评审者	被评价者	评价活动组织者		
12	当前评价过于注重成果数量，看轻成果质量	您评审时主要依据量化指标而非对成果质量的判断	您单位主要依据量化指标而非内容质量评价成果	您主要采用量化指标而非定性指标作为评价依据	4. 加大主观定性评价指标比重，降低量化指标比重	调和度
					25. 强化学术成果评价的内容质量导向	效度
13	许多评价规则过于模糊，操作性差	您评审时参考的评价规则常过于模糊，难以操作	您单位的成果评价规则过于模糊，难确定努力方向	您组织的评价活动中常仅提供模糊的评价规则	16. 建立评价科学性与可操作性的调节机制	调和度
					22. 培训评审专家，使其更好地理解和操作评价体系	信度
					26. 设置科学性与可行性并重的评价程序和细则	信度
14	期刊级别常常作为评价论文的主要尺度	您将期刊级别作为评价论文的主要尺度	您单位将期刊级别作为评价论文的主要尺度	您将期刊级别作为评价活动的主要指标	20. 培训监督科研管理部门合理应用文献计量指标	效度
15	过于重视论文是否发表在国际期刊	您对国际发文程度认可度通常高于国内发文	您单位对国际发文的认可程度通常高于国内发文	您组织的评价对国际发文的认可显著高于国内发文	36. 完善成果评价国际化与本土化标准的调节机制	调和度
16	过于注重成果字数、基金、获奖、被批示等外在指标	您评审常依据成果字数、基金、获奖或被批示情况	您单位评审常依据成果字数、基金、获奖或被批示情况	您常采用成果字数、基金、获奖等指标被批示等指标	21. 培训科研管理部门合理应用外在量化指标	效度

— 201 —

（续表）

问题编号	评价存在重要问题					相应管控措施	管控维度分类
	评价研究者	评审者	被评价者	评价活动组织者		
17	评估指标的逻辑关系或权重分配不合理时有发生	您评审时常碰到指标关系或权重分配不合理的状况	您单位的成果评价指标逻辑关系或权重分配不合理	您采用的评价指标曾因指标关系或权重而受到质疑	19. 进一步完善人文社科成果的评价指标体系	效度
	关于评价管理政策与学术环境						
18	当前的学术评价管理政策过于利益化	当前的学术评价管理政策过于利益化	当前的学术评价管理政策过于利益化	当前的学术评价管理政策过于利益化	1. 调节评价管理政策的学术性与利益化之间的矛盾	调和度
19	当前的学术评价管理政策缺失严重	您评审时可参照的评价管理政策很少	评价管理政策缺失造成了有些评价的不公正	您组织评价活动时可参照的管理政策很少	6. 加强学术评价管理工作的制定和完善	效度
20	"评价指挥棒"明显导致了学术研究的僵化	"评价指挥棒"明显导致了学术研究的僵化	为获得更高评价，您刻意按照评价要求开展研究	"评价指挥棒"明显导致了学术成果评价研究的僵化	23. 强化弹性的学术成果评价机制	调和度
	关于评价理念目标						
21	当前许多评价活动的理念目标不明确、不正确或不合理	当前许多评价活动的理念目标不明确、不正确或不合理	您单位的评价理念目标常不明确、不正确或不合理	您组织的有些评价，理念目标不明确、不正确或不合理	24. 强化基于多种评价目的、主体和方法多元评价机制	调和度

— 202 —

附录1 人文社会科学学术评价存在重要问题和管控措施梳理表

（续表）

问题编号	评价存在重要问题				相应管控措施	管控维度分类
	评价研究者	评审者	被评价者	评价活动组织者		
22	当前评价过于重视短期绩效，致使学术急功近利	当前评价过于重视短期绩效，明显影响了长期基础研究	为符合评价要求，您尽可能进行周期短、见效快的研究	促进学者尽快、尽多地出成果是评价的重要目标之一	17. 将针对长期基础研究需求建立单独的评价机制	调和度
23	当前评价体系对创新导向的体现不足	创新性强但其他方面不足的成果，您通常不会评价较高	为获得更好评价，您通常不倾向于开展创新性较强的研究	您组织评价时，成果创新性指标通常并不占最大权重	3. 加大对学术评价创新和质量导向的管理力度	调和度
					30. 推广创新导向科研管理政策并营造相应学术环境	效度
					40. 优化指标权重分配，加大创新指标的权重	调和度
24	当前评价体系对质量评价的导向体现不足	若代表作质量突出但成果总量少，您不会评价较高	代表作质量突出但成果总量少，您单位通常不会给高分	代表作突出但成果总量少，您通常不会得到高分	39. 营造重视内容质量的科研管理政策环境和学术环境	调和度
	关于评价方法与工具					
25	当前的评价活动很少使用网络评估软件	您很少使用软件进行评审	您的成果很少通过网络评估软件评审	您组织的评价活动，很少依托网络评估软件进行	29. 通过软件工具辅助控制同行专家的主观随意性	信度

— 203 —

（续表）

问题编号	评价存在重要问题					相应管控措施	管控维度分类
	评价研究者	评审者	被评价者	评价活动组织者			
26	当前的评价过于依赖计量数据，而非同行评议结果	您评审时主要依据计量数据，而非同行评议结果	您的成果被评审时通常主要依据文献计量而非同行评议结果	您评审时主要采用文献计量数据而非同行评议结果		5. 加强基于"代表作"的同行评议制度	效度
27	您常感到研究所用的评价数据常不完整、不准确或不易用	您评审所用的评价数据常不完整、不准确或不易用	您单位保存的评价数据常不完整、不准确或不易用	您采集或购买的评价数据不完整、不准确或不易用		15. 建立开放的成果同行评议平台和评价数据资源建设	效度
			关于评价程序				
28	许多评价活动的过程透明度和公开性较差	您参评的多数活动只公开方法和结果不公开过程	您通常了解成果被评审的方法和结果但很难知晓过程	您组织的评价通常只公开方法和结果，不公开过程		7. 加强评价过程的公开性和透明性及其监督机制	信度
29	各类评价的详细结果极少反馈给被评价者	您评审时只给出简单的评价结果而非详细意见	您只得到简单的成果被评价结果而非详细评审意见	您组织评价时只反馈简单评价结果而非详细意见		12. 建立并完善学术评价结果反馈机制	效度
						27. 提高描述评审意见的详细程度	信度

附录1 人文社科学术评价存在重要问题和管控措施梳理表

（续表）

问题编号	评价存在重要问题				相应管控措施	管控维度分类
	评评研究者	评审者	被评价者	评价活动组织者		
30	匿名评审机制不到位影响了许多评价的公正性	专家匿名评审机制不到位,使您评审未畅所欲言	专家匿名评审机制不到位,使您的成果受到优待/歧视	您组织评价时不采用或仅以名义上采用专家匿名制度	33.完善并推行专家匿名评审制度及其监督机制	效度
31	利益相关者回避机制不到位影响了诸多评价的公正性	您评审时常碰到利益相关者回避情况	利益相关者回避机制不到位,使您的成果受到优待/歧视	您组织评价时利益相关者回避机制常执行不到位	8.建立并完善评价利益相关者回避机制和监督机制	效度
32	许多评价活动申诉机制不到位	您评审时常碰到申诉机制不到位情况	您的成果参评时多数无法有效使用申诉机制	您组织评价时多数未设置或未有效执行申诉机制	32.完善并推行评价申诉机制及其监督机制	信度
	总体判断					
33	当前的人文社科成果评价机制能令人满意	您对当前的人文社科成果评价不满意	您对当前的人文社科成果评价不满意	您对当前的人文社科成果评价不满意	—	—

附录2 关于"人文社科学术成果评价管控机制"的调查问卷

一、基本情况

*1. 您的职业类型(可多选)：A. 学者　B. 编辑　C. 科研管理者　D. 学生　E. 其他

*2. 工作或研究涉及的学科(填空)：

*3. 职称(单选)：A. 正高　B. 副高　C. 中级　D. 中级以下　E. 学生　F. 其他

*4. 学历(单选)：A. 博士　B. 硕士　C. 本科　D. 本科以下　E. 其他

*5. 您所在的单位的类型(单选)：A. "211"高校　B. 非"211"高校　C. 国家级科研机构(如中国社科院)　D. 其他级别科研机构(如省级社科院)　E. 其他类型单位

*6. 您在评价活动中的角色(可多选)：

　　A. 被评价者(即成果作者,表示您有成果曾被评审)

　　B. 评审者(您曾作为评审专家评价他人成果)

　　C. 评价组织者(您具有参与组织评价活动的经历)

　　D. 评价研究者(学术评价是您的研究领域之一)

提示：第二、三、四、五部分的问题与您的角色选择清空相关,问卷将自动为您匹配显示。(*为"必答题")

7. E-mail(用于沟通个别不清晰的填写内容,填空):

【后续问题填写说明】:

1. 问卷的 8、9、11、12、14、15、17 和 18 题采用 11 分制填写,如下图所示。需要基于您的"评价角色",对一系列"学术评价存在重要问题的陈述"做出认同或反对程度的判断。

-5	-4	-3	-2	-1	0	1	2	3	4	5
极为反对	非常反对	比较反对	基本反对	略有反对	不发表意见	略为认同	基本认同	比较认同	非常认同	极为认同

- 0 表示弃权,不发表意见。
- 认同分数为正,认同程度越高,分数越高,表示问题越严重。
- 反对分数为负,反对程度越高,分数越低,表示问题越不严重,甚至不存在。

2. 问卷的第 20、21 题采用 11 分制填写,如下图所示。需要您对一系列学术评价机制的管控措施做出"必要程度"的判断。

-5	-4	-3	-2	-1	0	1	2	3	4	5
完全不必要	非常不必要	比较不必要	基本不必要	必要性不大	不发表意见	略有必要	有一定必要	比较必要	非常必要	极为必要

- 0 表示弃权,不发表意见。
- 分数为正表示"必要",分数越高,表示该措施的必要程度越高。
- 分数为负表示"不必要",分数越低,表示该措施的必要程度越低。

二、被评价者(即成果作者)对学术评价存在问题(即待管控问题)的认识

8. 若您有成果曾经历任何评价,请基于您的"被评价者"的角色,对如下"学术评价存在重要问题的陈述"做出认同或反对程度的判断。

8-1.	您常经历或看到人情关系影响或干扰评价活动	—5 —4 —3 —2 —1 0 1 2 3 4 5
8-2.	评价活动组织者不专业常影响您成果的科学评价	—5 —4 —3 —2 —1 0 1 2 3 4 5
8-3.	您常有成果被"外行"评价	—5 —4 —3 —2 —1 0 1 2 3 4 5
8-4.	您的跨学科成果通常很难得到准确的评价结果	—5 —4 —3 —2 —1 0 1 2 3 4 5
8-5.	您的成果参评时常受到行政部门的不当或过多干预	—5 —4 —3 —2 —1 0 1 2 3 4 5
8-6.	对于您的成果的创新性,不同评委的结论差异较大	—5 —4 —3 —2 —1 0 1 2 3 4 5
8-7.	不同专家对您的同一成果,常给出差异较大的结论	—5 —4 —3 —2 —1 0 1 2 3 4 5
8-8.	许多评价标准指标分类过粗,对您某些成果不适用	—5 —4 —3 —2 —1 0 1 2 3 4 5
8-9.	您的成果常因本人"名气"而获得过高或过低评价	—5 —4 —3 —2 —1 0 1 2 3 4 5
8-10.	您的成果常因形式问题而获得不理想的评价结果	—5 —4 —3 —2 —1 0 1 2 3 4 5
8-11.	同行对您的成果创新程度的判断常与您本人差异较大	—5 —4 —3 —2 —1 0 1 2 3 4 5
8-12.	您单位主要依据量化指标而非内容质量评价成果	—5 —4 —3 —2 —1 0 1 2 3 4 5
8-13.	您单位的成果评价规则常过于模糊,难确定努力方向	—5 —4 —3 —2 —1 0 1 2 3 4 5
8-14.	您单位常将"期刊级别"作为评价论文的主要尺度	—5 —4 —3 —2 —1 0 1 2 3 4 5

(续表)

8-15.	您单位对国际发文的认可程度通常高于国内发文	−5 −4 −3 −2 −1 0 1 2 3 4 5
8-16.	您单位评审常依据字数、基金、获奖或被批示情况	−5 −4 −3 −2 −1 0 1 2 3 4 5
8-17.	您单位的成果评价指标逻辑关系或权重常分配不合理	−5 −4 −3 −2 −1 0 1 2 3 4 5
8-18.	当前的学术评价管理政策过于利益化	−5 −4 −3 −2 −1 0 1 2 3 4 5
8-19.	评价管理政策缺失造成了有些成果的不公正评价	−5 −4 −3 −2 −1 0 1 2 3 4 5
8-20.	为获得更高评价,您常刻意按照评价要求开展研究	−5 −4 −3 −2 −1 0 1 2 3 4 5
8-21.	您单位的评价理念目标常不明确、不正确或不合理	−5 −4 −3 −2 −1 0 1 2 3 4 5
8-22.	为符合评价要求,您尽可能进行周期短、见效快的研究	−5 −4 −3 −2 −1 0 1 2 3 4 5
8-23.	为获得更好评价,您通常不倾向于开展创新性较强的研究	−5 −4 −3 −2 −1 0 1 2 3 4 5
8-24.	代表作突出但成果总量少,您单位通常不会给高分	−5 −4 −3 −2 −1 0 1 2 3 4 5
8-25.	您的成果很少通过网络评估软件参评	−5 −4 −3 −2 −1 0 1 2 3 4 5
8-26.	您的成果被评时通常主要依据文献计量而非同行评议结果	−5 −4 −3 −2 −1 0 1 2 3 4 5
8-27.	您单位保存的评价数据常不完整、不准确或不易用	−5 −4 −3 −2 −1 0 1 2 3 4 5
8-28.	您通常了解成果被评价方法和结果但很难知晓过程	−5 −4 −3 −2 −1 0 1 2 3 4 5
8-29.	您通常只得到简单的成果被评价结果而非详细评审意见	−5 −4 −3 −2 −1 0 1 2 3 4 5
8-30.	专家匿名评审机制不到位,常使您的成果受到优待/歧视	−5 −4 −3 −2 −1 0 1 2 3 4 5
8-31.	利益相关者回避机制不到位常使您的成果受到优待/歧视	−5 −4 −3 −2 −1 0 1 2 3 4 5
8-32.	您的成果参评时多数无法有效使用申诉机制	−5 −4 −3 −2 −1 0 1 2 3 4 5
8-33.	您对当前的人文社科成果评价不满意	−5 −4 −3 −2 −1 0 1 2 3 4 5

9. 作为被评价者,您还会遇到哪些问题?

9-1.	−5 −4 −3 −2 −1 0 1 2 3 4 5
9-2.	−5 −4 −3 −2 −1 0 1 2 3 4 5
9-3.	−5 −4 −3 −2 −1 0 1 2 3 4 5

*10. 请在第8、9题的36个问题中,选出3个您认为"最严重"的问题并将其序号填在下方,序号之间用逗号分开。

(填空)

三、评审者对学术评价存在问题(即待管控问题)的认识

11. 若您曾作为评审专家评价过他人的成果,请基于您的"评审者"的角色,对如下"学术评价存在重要问题的陈述"做出认同或反对程度的判断。

11-1.	您的评价结论常受到人情关系的影响或干扰	−5 −4 −3 −2 −1 0 1 2 3 4 5
11-2.	评价活动组织者不专业常影响您的正确评价	−5 −4 −3 −2 −1 0 1 2 3 4 5
11-3.	您在评审成果时常感觉到自己是"外行"	−5 −4 −3 −2 −1 0 1 2 3 4 5
11-4.	您常感到很难准确评价跨学科成果创新性和质量	−5 −4 −3 −2 −1 0 1 2 3 4 5
11-5.	您的评审常受到行政管理部门的不当或过多干预	−5 −4 −3 −2 −1 0 1 2 3 4 5
11-6.	对创新性较强的成果,您与其他评审者常发生争议	−5 −4 −3 −2 −1 0 1 2 3 4 5
11-7.	您常感到判断成果质量的随意性较大,结论不可靠	−5 −4 −3 −2 −1 0 1 2 3 4 5
11-8.	许多评价标准和指标分类过粗,对某些成果不适用	−5 −4 −3 −2 −1 0 1 2 3 4 5

（续表）

11-9.	您的评审结论常会受到作者"名气"的影响	-5 -4 -3 -2 -1 0 1 2 3 4 5
11-10.	若成果内容质量尚可但形式不规范,您的评价不高	-5 -4 -3 -2 -1 0 1 2 3 4 5
11-11.	您常感到成果创新程度比其他指标更难判断	-5 -4 -3 -2 -1 0 1 2 3 4 5
11-12.	您评审时主要依据量化指标而非成果质量的判断	-5 -4 -3 -2 -1 0 1 2 3 4 5
11-13.	您评审时参考的评价规则常过于模糊,难以操作	-5 -4 -3 -2 -1 0 1 2 3 4 5
11-14.	您常将期刊级别作为评价论文的主要尺度	-5 -4 -3 -2 -1 0 1 2 3 4 5
11-15.	您对国际发文的认可程度通常显著高于国内发文	-5 -4 -3 -2 -1 0 1 2 3 4 5
11-16.	您评审常依据成果字数、基金、获奖或被批示情况	-5 -4 -3 -2 -1 0 1 2 3 4 5
11-17.	您评审时常碰到指标逻辑关系或权重不合理状况	-5 -4 -3 -2 -1 0 1 2 3 4 5
11-18.	当前的学术评价管理政策过于利益化	-5 -4 -3 -2 -1 0 1 2 3 4 5
11-19.	您评审时可参照的评价管理政策很少	-5 -4 -3 -2 -1 0 1 2 3 4 5
11-20.	"评价指挥棒"明显导致了学术研究的僵化	-5 -4 -3 -2 -1 0 1 2 3 4 5
11-21.	许多评价活动的理念目标不明确、不正确或不合理	-5 -4 -3 -2 -1 0 1 2 3 4 5
11-22.	当前评价过于重视短期绩效,明显影响长期基础研究	-5 -4 -3 -2 -1 0 1 2 3 4 5
11-23.	创新强但其他方面不足的成果您通常不会评价较高	-5 -4 -3 -2 -1 0 1 2 3 4 5
11-24.	若代表作质量突出但成果总量少,您不会评价较高	-5 -4 -3 -2 -1 0 1 2 3 4 5
11-25.	您很少使用网络评估软件进行评审	-5 -4 -3 -2 -1 0 1 2 3 4 5
11-26.	您评审时主要依据文献计量而非同行评议结果	-5 -4 -3 -2 -1 0 1 2 3 4 5
11-27.	您评审所用的评价数据常不完整、不准确或不易用	-5 -4 -3 -2 -1 0 1 2 3 4 5

(续表)

11-28.	您参评的多数活动只公开方法和结果不公开过程	−5 −4 −3 −2 −1 0 1 2 3 4 5
11-29.	您评审时常只给出简单评价结果而非详细评审意见	−5 −4 −3 −2 −1 0 1 2 3 4 5
11-30.	专家匿名评审机制不到位,常使您的评审未畅所欲言	−5 −4 −3 −2 −1 0 1 2 3 4 5
11-31.	您评审时常碰到利益相关者回避机制不到位情况	−5 −4 −3 −2 −1 0 1 2 3 4 5
11-32.	您评审时常碰到申诉机制不到位情况	−5 −4 −3 −2 −1 0 1 2 3 4 5
11-33.	您对当前的人文社科成果评价不满意	−5 −4 −3 −2 −1 0 1 2 3 4 5

12. 作为评审者,您在评价中还会遇到哪些问题?

12-1.	−5 −4 −3 −2 −1 0 1 2 3 4 5
12-2.	−5 −4 −3 −2 −1 0 1 2 3 4 5
12-3.	−5 −4 −3 −2 −1 0 1 2 3 4 5

*13. 请在第11、12题的36个问题中,选出3个您认为"最严重"的问题并将其序号填在下方,序号之间用逗号分开。

(填空)

四、评价组织者对学术评价存在问题(即待管控问题)的认识

14. 若您具有参与组织评价活动的经历,请基于您的"评价组织者"的角色,对如下"学术评价存在重要问题的陈述"做出认同或反对程度的判断。

14-1.	您组织评价活动时常受到人情关系影响或干扰	−5 −4 −3 −2 −1 0 1 2 3 4 5
14-2.	您常感觉到自己缺乏必要的评价理论方法支撑	−5 −4 −3 −2 −1 0 1 2 3 4 5

(续表)

14-3.	您常很难找到合适的"小同行"评审专家评审成果	−5 −4 −3 −2 −1 0 1 2 3 4 5
14-4.	您常感到很难准确评价跨学科成果的创新性和质量	−5 −4 −3 −2 −1 0 1 2 3 4 5
14-5.	您组织评价时常受到行政部门的不当或过多干预	−5 −4 −3 −2 −1 0 1 2 3 4 5
14-6.	不同评审者对创新性强的成果常产生较大争议	−5 −4 −3 −2 −1 0 1 2 3 4 5
14-7.	不同专家评审对相似成果的评价结论常差异较大	−5 −4 −3 −2 −1 0 1 2 3 4 5
14-8.	您采用的评价标准指标分类过粗,常常对某些成果不适用	−5 −4 −3 −2 −1 0 1 2 3 4 5
14-9.	您常感到成果的评价结果受作者"名气"的影响	−5 −4 −3 −2 −1 0 1 2 3 4 5
14-10.	您采用的评价体系更重视成果形式(而非内容)评价	−5 −4 −3 −2 −1 0 1 2 3 4 5
14-11.	您常感到成果创新性比其他指标更难得到准确结果	−5 −4 −3 −2 −1 0 1 2 3 4 5
14-12.	您主要采用量化指标而非定性指标作为评价依据	−5 −4 −3 −2 −1 0 1 2 3 4 5
14-13.	您组织的评价活动中常仅提供模糊的评价规则	−5 −4 −3 −2 −1 0 1 2 3 4 5
14-14.	您常将期刊级别作为评价论文的主要指标	−5 −4 −3 −2 −1 0 1 2 3 4 5
14-15.	您组织的评价对国际发文的认可常显著高于国内发文	−5 −4 −3 −2 −1 0 1 2 3 4 5
14-16.	您常采用成果字数、基金、获奖或被批示等指标	−5 −4 −3 −2 −1 0 1 2 3 4 5
14-17.	您采用的评价指标曾因指标关系或权重常受到质疑	−5 −4 −3 −2 −1 0 1 2 3 4 5
14-18.	当前的学术评价管理政策过于利益化	−5 −4 −3 −2 −1 0 1 2 3 4 5
14-19.	您组织评价活动时可参照的管理政策很少	−5 −4 −3 −2 −1 0 1 2 3 4 5

(续表)

14-20.	"评价指挥棒"明显导致了学术研究的僵化	-5 -4 -3 -2 -1 0 1 2 3 4 5
14-21.	您组织的有些评价理念目标常不明确、不正确或不合理	-5 -4 -3 -2 -1 0 1 2 3 4 5
14-22.	促进学者尽快、尽多地出成果常是评价的核心目标	-5 -4 -3 -2 -1 0 1 2 3 4 5
14-23.	您组织评价时,成果创新性指标通常并不占最大权重	-5 -4 -3 -2 -1 0 1 2 3 4 5
14-24.	代表作突出但成果总量少,您通常不会得到高分	-5 -4 -3 -2 -1 0 1 2 3 4 5
14-25.	您组织的评价活动,很少依托网络评估软件进行	-5 -4 -3 -2 -1 0 1 2 3 4 5
14-26.	您评审时主要采用文献计量而非同行评议结果	-5 -4 -3 -2 -1 0 1 2 3 4 5
14-27.	您采集或购买的评价数据常不完整、不准确或不易用	-5 -4 -3 -2 -1 0 1 2 3 4 5
14-28.	您组织的评价通常只公开方法和结果,不公开过程	-5 -4 -3 -2 -1 0 1 2 3 4 5
14-29.	您组织评价时常只反馈简单评价结果而非详细意见	-5 -4 -3 -2 -1 0 1 2 3 4 5
14-30.	您组织评价时常不采用或仅名义采用专家匿名制度	-5 -4 -3 -2 -1 0 1 2 3 4 5
14-31.	您组织评价时利益相关者回避机制常不到位	-5 -4 -3 -2 -1 0 1 2 3 4 5
14-32.	您组织评价时多数不设置或未有效执行申诉机制	-5 -4 -3 -2 -1 0 1 2 3 4 5
14-33.	您对当前的人文社科成果评价不满意	-5 -4 -3 -2 -1 0 1 2 3 4 5

15. 根据您在评价活动中的不同角色,您还会遇到哪些不同的问题?

15-1.		-5 -4 -3 -2 -1 0 1 2 3 4 5
15-2.		-5 -4 -3 -2 -1 0 1 2 3 4 5
15-3.		-5 -4 -3 -2 -1 0 1 2 3 4 5

*16. 请在第 14 和 15 题的 36 个问题中,选出 3 个您认为"最严重"的问题并将其序号填在下方,序号之间用逗号分开。

(填空)

五、评价研究者对学术评价存在问题(即待管控问题)的认识

17. 若学术评价是您的研究领域之一,请基于您的"评价研究者"的角色,对如下"学术评价存在问题的陈述"做出认同或反对程度的判断。

17-1.	学术成果的公正评价常受到人情关系的影响和干扰	−5 −4 −3 −2 −1 0 1 2 3 4 5
17-2.	一些评价活动组织部门不专业,缺少理论和方法支撑	−5 −4 −3 −2 −1 0 1 2 3 4 5
17-3.	常常出现"外行评内行"的情况	−5 −4 −3 −2 −1 0 1 2 3 4 5
17-4.	很难准确评价跨学科成果的创新性和质量	−5 −4 −3 −2 −1 0 1 2 3 4 5
17-5.	评价活动常受到行政管理部门的不当或过多干预	−5 −4 −3 −2 −1 0 1 2 3 4 5
17-6.	不同评审者对创新性强的成果容易产生较大争议	−5 −4 −3 −2 −1 0 1 2 3 4 5
17-7.	同行专家在评审时的主观随意性较难控制	−5 −4 −3 −2 −1 0 1 2 3 4 5
17-8.	许多评价标准和指标分类过粗,对某些成果不适用	−5 −4 −3 −2 −1 0 1 2 3 4 5
17-9.	成果常因作者的"名气"而获得过高或过低的评价	−5 −4 −3 −2 −1 0 1 2 3 4 5
17-10.	许多评价过于重视成果形式评价,而非内容质量评价	−5 −4 −3 −2 −1 0 1 2 3 4 5
17-11.	对成果的创新性和创新程度常常不够准确	−5 −4 −3 −2 −1 0 1 2 3 4 5
17-12.	当前评价过于注重成果数量、看轻成果质量	−5 −4 −3 −2 −1 0 1 2 3 4 5

(续表)

17-13.	许多评价规则过于模糊,操作性差	-5 -4 -3 -2 -1 0 1 2 3 4 5
17-14.	期刊级别常常作为评价论文的主要尺度	-5 -4 -3 -2 -1 0 1 2 3 4 5
17-15.	过于重视论文是否发表在国际期刊	-5 -4 -3 -2 -1 0 1 2 3 4 5
17-16.	过于注重成果字数、基金、获奖、被批示等外在指标	-5 -4 -3 -2 -1 0 1 2 3 4 5
17-17.	评估指标的逻辑关系或权重分配不合理常常发生	-5 -4 -3 -2 -1 0 1 2 3 4 5
17-18.	当前的学术评价管理政策过于利益化	-5 -4 -3 -2 -1 0 1 2 3 4 5
17-19.	当前的学术评价管理政策缺失严重	-5 -4 -3 -2 -1 0 1 2 3 4 5
17-20.	"评价指挥棒"明显导致了学术研究的僵化	-5 -4 -3 -2 -1 0 1 2 3 4 5
17-21.	许多评价活动的理念目标不明确、不正确或不合理	-5 -4 -3 -2 -1 0 1 2 3 4 5
17-22.	当前评价过于重视短期绩效,致使学术急功近利	-5 -4 -3 -2 -1 0 1 2 3 4 5
17-23.	当前评价体系对创新导向的体现不足	-5 -4 -3 -2 -1 0 1 2 3 4 5
17-24.	当前评价体系对质量评价的导向体现不足	-5 -4 -3 -2 -1 0 1 2 3 4 5
17-25.	当前的评价活动很少使用网络评估软件	-5 -4 -3 -2 -1 0 1 2 3 4 5
17-26.	当前评价过于依赖文献计量数据,而非同行评议结果	-5 -4 -3 -2 -1 0 1 2 3 4 5
17-27.	您常感到研究所用的评价数据不完整、不准确或不易用	-5 -4 -3 -2 -1 0 1 2 3 4 5
17-28.	许多评价活动的过程透明度和公开性较差	-5 -4 -3 -2 -1 0 1 2 3 4 5
17-29.	各类评价的详细结果极少反馈给被评价者	-5 -4 -3 -2 -1 0 1 2 3 4 5
17-30.	匿名评审机制不到位影响了许多评价的公正性	-5 -4 -3 -2 -1 0 1 2 3 4 5
17-31.	利益相关者回避机制不到位影响了诸多评价的公正性	-5 -4 -3 -2 -1 0 1 2 3 4 5

（续表）

| 17-32. 许多评价活动申诉机制不到位 | -5 -4 -3 -2 -1 0 1 2 3 4 5 |
| 17-33. 当前的人文社科成果评价机制不能令人满意 | -5 -4 -3 -2 -1 0 1 2 3 4 5 |

18. 根据您在评价活动中的不同角色,您还会遇到哪些不同的问题?

18-1.	-5 -4 -3 -2 -1 0 1 2 3 4 5
18-2.	-5 -4 -3 -2 -1 0 1 2 3 4 5
18-3.	-5 -4 -3 -2 -1 0 1 2 3 4 5

*19. 请在第17和18题的36个问题中,选出3个您认为"最严重"的问题并将其序号填在下方,序号之间用逗号分开。

(填空)

六、受访者对中国人文社科学术评价管控措施的认识

20. 无论您在评价中担任何类角色,请对如下"人文社科学术评价管控措施"的"必要程度"做出判断。

20-1. 调节评价管理政策的学术性与利益化之间的矛盾	-5 -4 -3 -2 -1 0 1 2 3 4 5
20-2. 构建并推进有效的成果大众评价机制	-5 -4 -3 -2 -1 0 1 2 3 4 5
20-3. 加大对学术评价创新和质量导向的管理力度	-5 -4 -3 -2 -1 0 1 2 3 4 5
20-4. 加大主观定性评价指标比重,降低量化指标比重	-5 -4 -3 -2 -1 0 1 2 3 4 5
20-5. 加强基于"代表作"的同行评议制度	-5 -4 -3 -2 -1 0 1 2 3 4 5
20-6. 加强学术评价管理政策的制定和完善工作	-5 -4 -3 -2 -1 0 1 2 3 4 5
20-7. 加强评价过程的公开性和透明性及其监督机制	-5 -4 -3 -2 -1 0 1 2 3 4 5

(续表)

20-8.	建立并完善评价利益相关者回避机制和监督机制	-5 -4 -3 -2 -1 0 1 2 3 4 5
20-9.	建立并完善评价组织者监督和管理机制	-5 -4 -3 -2 -1 0 1 2 3 4 5
20-10.	建立并完善评审过程中参评专家信息保密机制	-5 -4 -3 -2 -1 0 1 2 3 4 5
20-11.	建立并完善同行评议结果复查机制	-5 -4 -3 -2 -1 0 1 2 3 4 5
20-12.	建立并完善学术评价结果反馈机制	-5 -4 -3 -2 -1 0 1 2 3 4 5
20-13.	建立对创新性较强成果的评审复议机制	-5 -4 -3 -2 -1 0 1 2 3 4 5
20-14.	建立规模大、信息全、更新及时的评审专家数据库	-5 -4 -3 -2 -1 0 1 2 3 4 5
20-15.	建立开放的成果同行评议平台和评价数据资源建设	-5 -4 -3 -2 -1 0 1 2 3 4 5
20-16.	建立评价科学性与可操作性的调节机制	-5 -4 -3 -2 -1 0 1 2 3 4 5
20-17.	将针对长期基础研究需求建立单独的评价机制	-5 -4 -3 -2 -1 0 1 2 3 4 5
20-18.	降低行政部门对学术成果评价的干预程度	-5 -4 -3 -2 -1 0 1 2 3 4 5
20-19.	进一步完善人文社科成果的评价指标体系	-5 -4 -3 -2 -1 0 1 2 3 4 5
20-20.	培训并监督科研管理部门合理应用文献计量指标	-5 -4 -3 -2 -1 0 1 2 3 4 5
20-21.	培训科研管理部门合理应用外在量化指标	-5 -4 -3 -2 -1 0 1 2 3 4 5
20-22.	培训评审专家,使其更好地理解和操作评价体系	-5 -4 -3 -2 -1 0 1 2 3 4 5
20-23.	强化弹性的学术成果评价机制	-5 -4 -3 -2 -1 0 1 2 3 4 5
20-24.	强化基于多种评价目的、主体和方法多元评价机制	-5 -4 -3 -2 -1 0 1 2 3 4 5
20-25.	强化学术成果评价的内容质量导向	-5 -4 -3 -2 -1 0 1 2 3 4 5
20-26.	设置科学性与可行性并重的评价程序和细则	-5 -4 -3 -2 -1 0 1 2 3 4 5

(续表)

20-27.	提高描述评审意见的详细程度	-5 -4 -3 -2 -1 0 1 2 3 4 5
20-28.	通过培训或吸纳评价专家加强评价组织者建设	-5 -4 -3 -2 -1 0 1 2 3 4 5
20-29.	通过软件、工具辅助控制同行专家的主观随意性	-5 -4 -3 -2 -1 0 1 2 3 4 5
20-30.	推广创新导向科研管理政策并营造相应学术环境	-5 -4 -3 -2 -1 0 1 2 3 4 5
20-31.	推进成果形式规范的标准化,降低形式评价需求	-5 -4 -3 -2 -1 0 1 2 3 4 5
20-32.	完善并推行评价申诉机制及其监督机制	-5 -4 -3 -2 -1 0 1 2 3 4 5
20-33.	完善并推行专家匿名评审制度及其监督机制	-5 -4 -3 -2 -1 0 1 2 3 4 5
20-34.	完善并推行作者匿名评审制度	-5 -4 -3 -2 -1 0 1 2 3 4 5
20-35.	完善并有效推进评审专家随机遴选机制	-5 -4 -3 -2 -1 0 1 2 3 4 5
20-36.	完善成果评价国际化与本土化标准的调节机制	-5 -4 -3 -2 -1 0 1 2 3 4 5
20-37.	完善评价结果争议的协调机制	-5 -4 -3 -2 -1 0 1 2 3 4 5
20-38.	细化分类评价,强化同类比较	-5 -4 -3 -2 -1 0 1 2 3 4 5
20-39.	营造重视内容质量的科研管理政策环境和学术环境	-5 -4 -3 -2 -1 0 1 2 3 4 5
20-40.	优化指标权重分配,加大创新指标的权重	-5 -4 -3 -2 -1 0 1 2 3 4 5
20-41.	在创新性评价中弱化主观判断,实行举证机制	-5 -4 -3 -2 -1 0 1 2 3 4 5
20-42.	建立并推行人文社科成果查新机制	-5 -4 -3 -2 -1 0 1 2 3 4 5

21. 您对中国人文社科学术评价问题的管控措施还有哪些建议?

21-1.		-5 -4 -3 -2 -1 0 1 2 3 4 5
21-2.		-5 -4 -3 -2 -1 0 1 2 3 4 5
21-3.		-5 -4 -3 -2 -1 0 1 2 3 4 5

* 22. 请在第 20 和 21 题的 45 项措施中,选出 3 个您认为"最必要"的措施并将其序号填在下方,序号之间用逗号分开。

(填空)